Giuseppe Verdi

Aida

Opera in quattro atti

Oper in vier Akten

Textbuch Italienisch / Deutsch

Libretto von Antonio Ghislanzoni

Übersetzt und herausgegeben
von Henning Mehnert

Philipp Reclam jun. Stuttgart

Der Übersetzung lag zugrunde: Giuseppe Verdi, *Aida*, Mailand: Ricordi, 1966. In bezug auf den Textbestand wurde die 1985 bei Ricordi erschienene neue Ausgabe eingesehen, die auf Verdis Autograph für die Mailänder Aufführung (1872) basiert.

Universal-Bibliothek Nr. 9338

Umschlagabbildung: Jess Thomas und Hertha Töpper
als Radames und Amneris, Staatsoper München
Gesamtherstellung: Reclam, Ditzingen. Printed in Germany 1997
RECLAM und UNIVERSAL-BIBLIOTHEK sind eingetragene Marken
der Philipp Reclam jun. GmbH & Co., Stuttgart
ISBN 3-15-009338-4

Aida

Personaggi

IL RE *(Basso)*
AMNERIS, sua figlia *(Mezzosoprano)*
AIDA, schiava etiope *(Soprano)*
RADAMÈS, capitano delle guardie *(Tenore)*
RAMFIS, capo dei sacerdoti *(Basso)*
AMONASRO, re d'Etiopia, padre di Aida *(Baritono)*
UN MESSAGGERO *(Tenore)*

Sacerdoti, Sacerdotesse, Ministri, Soldati, Capitani, Funzionari, Schiavi e Prigionieri Etiopi, Popolo egizio, ecc.

L'azione ha luogo a Menfi e a Tebe all'epoca della potenza dei Faraoni.

Prima rappresentazione:
Kairo (Teatro dell'Opera) 24° Dicembre 1871

Personen

DER KÖNIG *(Baß)*
AMNERIS, seine Tochter *(Mezzosopran)*
AIDA, äthiopische Sklavin *(Sopran)*
RADAMES, Hauptmann der Wachen *(Tenor)*
RAMPHIS, Oberpriester *(Baß)*
AMONASRO, König von Äthiopien, Vater der Aida *(Bariton)*
EIN BOTE *(Tenor)*

Priester – Priesterinnen – Minister – Soldaten – Hauptleute – Beamte – Sklaven und äthiopische Gefangene – ägyptisches Volk usw.

Die Handlung spielt in Memphis und in Theben zur Zeit der Pharaonen-Herrschaft.

Uraufführung:
24. Dezember 1871 in Kairo (Opernhaus)

Indice

Inhalt

Preludio

Atto primo

Scena prima

Sala nel Palazzo del Re a Menfi.

A destra e a sinistra una colonnata con statue e arbusti in fiore. Grande porta nel fondo, da cui appariscono i tempii, i palazzi di Menfi e le Piramidi.

No. 1 Introduzione, scena

Radamès e Ramfis.

RAMFIS. Sì: corre voce che l'Etiope ardisca
Sfidarci ancora, e del Nilo la valle
E Tebe minacciar. Fra breve un messo
Recherà il ver.

RADAMÈS. La sacra
Iside consultasti?

RAMFIS. Ella ha nomato
Delle Egizie falangi
Il condottier supremo.

RADAMÈS. Oh, lui felice!

RAMFIS *(con intenzione, fissando Radamès).*
Giovane e prode è desso. Ora del Nume
Reco i decreti al Re
(Esce.)

No. 2 Romanza

RADAMÈS *(solo).* Se quel guerriero
Io fossi! se il mio sogno
Si avverasse! ... Un esercito di prodi
Da me guidato ... e la vittoria ... e il plauso

Vorspiel

Erster Akt

Erste Szene

Saal im Königspalast zu Memphis.

Rechts und links eine Säulenreihe mit Statuen und blühenden Sträuchern. Großes Tor im Hintergrund, durch das man die Tempel und Paläste von Memphis sieht und die Pyramiden.

Nr. 1 Introduktion und Szene

Radames und Ramphis.

RAMPHIS. Ja, man sagt allgemein, daß der Äthiopier wage, uns noch einmal herauszufordern und das Tal des Nils und Theben zu bedrohen. In kurzem wird ein Bote die wirkliche Lage schildern.

RADAMES. Befragtest du schon die heilige Isis?

RAMPHIS. Sie hat den obersten Führer der ägyptischen Truppen benannt.

RADAMES. O der Glückliche!

RAMPHIS *(mit Nachdruck Radames ins Auge fassend).* Jung und tapfer ist er. Jetzt überbringe ich die Beschlüsse dem König. *(Geht ab.)*

Nr. 2 Romanze

RADAMES *(allein).* Wenn ich doch dieser Krieger wäre! Wenn doch mein Traum Wahrheit würde! ... Ein Heer von tapferen Männern von mir geführt ... und der Sieg und Beifall

Di Menfi tutta! – E a te, mia dolce Aida,
Tornar di lauri cinto . . .
Dirti: per te ho pugnato e per te ho vinto!

Celeste Aida, forma divina,
Mistico serto di luce e fior;
Del mio pensiero tu sei regina,
Tu di mia vita sei lo splendor.
Il tuo bel cielo vorrei ridarti,
Le dolci brezze del patrio suol;
Un regal serto sul crin posarti,
Ergerti un trono vicino al sol.

Amneris e detto.

No. 3 Duetto

AMNERIS. Quale insolita gioia
Nel tuo sguardo! Di quale
Nobil fierezza ti balena il volto!
Degna di invidia, oh! quanto
Saria la donna il cui bramato aspetto
Tanta luce di gaudio in te destasse!
RADAMÈS. D'un sogno avventuroso
Si beava il mio cuore. Oggi, la Diva
Profferse il nome del guerrier che al campo
Le schiere egizie condurrà . . . S'io fossi
A tale onor prescelto . . .
AMNERIS. Né un altro sogno mai
Più gentil . . . più soave . . .
Al cuore ti parlò? . . . Non hai tu in Menfi
Desiderii . . . speranze? . . .
RADAMÈS. Io! . . . *(Da sé.)* Quale inchiesta!
Forse . . . l'arcano amore
Scoprì che m'arde in core . . .
Della sua schiava il nome
Mi lesse nel pensier!

von ganz Memphis! – Und zu dir, meine süße Aida,
mit Lorbeer bekränzt zurückzukehren ...
dir zu sagen: für dich habe ich gekämpft und für dich
gesiegt!

Himmlische Aida, göttlich von Gestalt,
mystischer Kranz aus Licht und Blumen,
du bist die Königin meiner Gedanken,
du bist der Glanz meines Lebens.
Ich möchte dir deinen schönen Himmel wiedergeben,
die sanften Winde deiner Heimaterde,
dir eine Königskrone aufs Haar setzen,
dir einen Thron nahe der Sonne errichten.

Amneris und der Vorige.

Nr. 3 Duett

AMNERIS. Welch ungewohnte Freude
in deinem Blick! Von welch
edlem Stolz erglänzt dein Antlitz!
O wie überaus beneidenswert
wäre die Frau, deren heiß ersehnter Anblick
so viel Wonneglanz in dir weckte!

RADAMES. An einem verwegenen Traum
ergötzte sich mein Herz. Heute verkündete die Göttin
den Namen des Kriegers, der die ägyptischen Scharen
ins Feld führen wird ... Wenn ich
für eine solche Ehre erwählt würde ...

AMNERIS. Und sprach kein anderer Traum,
kein lieblicherer ... kein süßerer ...
zu deinem Herzen! ... Hast du in Memphis
keine Wünsche ... keine Hoffnungen? ...

RADAMES. Ich! ... *(Beiseite.)* Welche Frage!
Vielleicht ... entdeckte sie die geheime Liebe,
die in meinem Herzen brennt ...
Den Namen ihrer Sklavin
las sie möglicherweise in meinen Gedanken!

AMNERIS *(da sé).* Oh! guai se un altro amore
Ardesse a lui nel core! ...
Guai se il mio sguardo penetra
Questo fatal mister!

Aida e detti.

RADAMÈS *(vedendo Aida).*
Dessa!
AMNERIS *(da sé, osservando).*
Ei si turba ... e quale
Sguardo rivolse a lei!
Aida! ... a me rivale ...
Forse saria costei?
(Dopo breve silenzio, volgendosi ad Aida.)

No. 4 Terzetto

AMNERIS. Vieni, o diletta, appressati ...
Schiava non sei né ancella
Qui dove in dolce fascino
Io ti chiamai sorella ...
Piangi? ... delle tue lacrime
Svela il segreto a me.
AIDA. Ohimè! di guerra fremere
L'atroce grido io sento ...
Per l'infelice patria,
Per me ... per voi pavento.
AMNERIS. Favelli il ver? né s'agita
Più grave cura in te?
(Aida abbassa gli occhi e cerca dissimulare il proprio turbamento. – Amneris guardando Aida, da sé.)
Trema, o rea schiava, ah! trema
Ch'io nel tuo cor discenda! ...
Trema che il ver mi apprenda
Quel pianto e quel rossor!
AIDA *(da sé).* No, sull'afflitta patria

AMNERIS *(beiseite).* O wehe, wenn eine andere Liebe
ihm im Herzen entbrannte! ...
Wehe, wenn mein Blick
dieses verhängnisvolle Geheimnis ergründet!

Aida und die Vorigen.

RADAMES *(beim Anblick Aidas).*
Sie hier!
AMNERIS *(beiseite, beobachtend).*
Er wird unruhig ... und welchen
Blick er auf sie warf!
Aida! ... mir Rivalin ...
Wäre vielleicht sie es?
(Nach einem kurzen Schweigen sich an Aida wendend.)

Nr. 4 Terzett

AMNERIS. Komm, meine Teure, nähere dich ...
Sklavin bist du nicht und auch keine Magd
hier, wo ich dich in süßer Verzauberung
Schwester nannte ...
Du weinst? ... Enthülle mir
deiner Tränen Geheimnis.
AIDA. Ach, das schreckliche Kriegsgeschrei
höre ich aufbranden ...
Für das unglückliche Vaterland,
für mich, ... für euch fürchte ich.
AMNERIS. Sprichst du wahr? Kein schwererer
Kummer bewegt dich?
(Aida senkt die Augen und sucht ihre eigene Erregung zu verbergen. – Amneris betrachtet Aida, beiseite.)
Zittere, schuldvolle Sklavin, ja fürchte dich,
daß ich in die Tiefen deines Herzens sehe! ...
Fürchte, daß diese Tränen und dieses Erröten
mir die Wahrheit offenbaren!
AIDA *(beiseite).* Nein, nicht über das gequälte Vaterland

Non geme il cor soltanto;
Quello ch'io verso è pianto
Di sventurato amor.

RADAMÈS *(guardando Amneris, da sé).*
Nel volto a lei balena
Lo sdegno ed il sospetto ...
Guai se l'arcano affetto
A noi leggesse in cor!

Il Re, preceduto dalle sue guardie e seguito da Ramfis, dai Ministri, Sacerdoti, Capitani, ecc. Un Ufficiale di Palazzo, indi un Messaggero.

No. 5 Scena e pezzo d'assieme

IL RE. Alta cagion v'aduna,
O fidi Egizi, al vostro Re d'intorno.
Dal confini d'Etiopia un Messaggero
Dianzi giungea – gravi novelle ei reca ...
Vi piaccia udirlo ...
(Ad un Ufficiale.)
Il Messagger si avanzi!

MESSAGGERO. Il sacro suolo dell'Egitto è invaso
Dai barbari Etiópi; i nostri campi
Fur devastati ... arse le messi ... e baldi
Della facil vittoria i predatori
Già marciano su Tebe ...

TUTTI. Ed osan tanto!

MESSAGGERO. Un guerriero indomabile, feroce,
Li conduce: Amonasro.

TUTTI. Il Re!

AIDA *(da sé).* Mio padre!

MESSAGGERO. Già Tebe è in armi e dalle cento porte
Sul barbaro invasore
Proromperà, guerra recando e morte.

IL RE. Sì: guerra e morte il nostro grido sia.

TUTTI. Guerra! guerra!

klagt nur mein Herz;
was ich vergieße, sind Tränen
um eine unglückliche Liebe.

RADAMES *(Amneris ansehend, beiseite.).*
In ihrem Antlitz lodern
Empörung und Verdacht ...
Wehe, wenn sie in unseren Herzen
die geheime Liebe lesen würde!

Der König, ihm vorausgehend seine Leibwache und hinter ihm folgend Ramphis, Minister, Priester, Hauptleute usw. Ein Offizier des Palastes, danach ein Bote.

Nr. 5 Szene und Ensemble

DER KÖNIG. Ein wichtiger Grund versammelt euch,
ihr treuen Ägypter, um euren König.
Von den Grenzen Äthiopiens kam vor kurzem
ein Bote; wichtige Nachrichten bringt er ...
Bitte hört ihn an ...
(Zu einem Offizier.)
Der Bote trete vor!

BOTE. Die barbarischen Äthiopier sind auf Ägyptens
heiligen Boden eingefallen; unsere Felder
wurden verwüstet ... die Ernten verbrannt ... und
durch den leichten Sieg kühn gemacht marschieren
die Räuber schon gegen Theben ...

ALLE. So viel nehmen sie sich heraus!

BOTE. Ein unbezähmbarer wilder Krieger
führt sie an: Amonasro.

ALLE. Der König!

AIDA *(beiseite).* Mein Vater!

BOTE. Schon ist Theben in Waffen, und aus hundert Toren
wird es gegen den barbarischen Aggressor
hervorbrechen, Krieg und Tod bereitend.

DER KÖNIG. Ja, Krieg und Tod sei unser Schlachtruf!

ALLE. Krieg! Krieg!

IL RE *(accostandosi a Radamès).*
Tremenda, inesorata ...
Iside venerata
Di nostre schiere invitte
Già designava il condottier supremo.
Radamès.
TUTTI. Radamès!
RADAMÈS. Sien grazie ai Numi!
I miei voti fur paghi.
AMNERIS *(da sé).* Ei duce!
AIDA *(da sé).* Io tremo.

IL RE. Or, di Vulcano al tempio
Muovi o guerrier. Le sacre
Armi ti cingi e alla vittoria vola.

Su! del Nilo al sacro lido
Accorrete, Egizi eroi;
Da ogni cor prorompa il grido:
Guerra e morte allo stranier!

RAMFIS e SACERDOTI. Gloria ai Numi! ognuno rammenti
Ch'essi reggono gli eventi –
Che in poter dei Numi solo
Stan le sorti dei guerrier.
MINISTRI e CAPITANI.
Su! del Nilo al sacro lido
Sien barriera i nostri petti;
Non eccheggi che un sol grido:
Guerra e morte allo stranier!
RADAMÈS. Sacro fremito di gloria
Tutta l'anima m'investe –
Su! corriamo alla vittoria!
Guerra e morte allo stranier!
AMNERIS
(recando una bandiera e consegnandola a Radamès).
Di mia man ricevi, o duce,
Il vessillo gloriöso;

DER KÖNIG *(sich Radames nähernd).*
Die gewaltige, die unerbittliche ...
die verehrte Isis
bestimmte schon den obersten Feldherrn
unserer unbesiegten Scharen:
Radames.

ALLE. Radames!

RADAMES. Dank sei den Göttern!
Erfüllt sind meine Wünsche!

AMNERIS *(beiseite).* Er der Anführer!

AIDA *(beiseite).* Mich schaudert!

DER KÖNIG. Nun geh zum Tempel des
Vulkan, o Krieger. Gürte dich
mit den heiligen Waffen und eile zum Sieg.
Auf, ihr ägyptischen Helden,
eilt zum heiligen Strand des Nil;
aus jedem Herzen breche der Schlachtruf hervor:
Krieg und Tod dem Fremdling!

RAMPHIS und PRIESTER.
Ruhm sei den Göttern! Jeder denke daran,
daß sie die Ereignisse lenken,
daß allein in der Macht der Götter
das Geschick der Krieger liegt.

MINISTER und HAUPTLEUTE.
Auf! Dem heiligen Ufer des Nils
seien unsere Körper ein Schutzwall;
nur ein Ruf ertöne:
Krieg und Tod dem Fremdling!

RADAMES. Ein heiliges Ruhmesverlangen
durchbebt meine ganze Seele.
Auf! eilen wir zum Sieg!
Krieg und Tod dem Fremdling!

AMNERIS *(bringt eine Fahne und überreicht sie Radames).*
Empfange aus meiner Hand, du Anführer,
dieses ruhmvolle Banner;

Ti sia guida, ti sia luce
Della gloria sul sentier.
AIDA *(da sé).* Per chi piango? per chi prego? ...
Deggio amarlo, e veggo in lui
Un nemico ... uno stranier!
TUTTI. Guerra! guerra! sterminio all'invasor!
Va, Radamès, ritorna vincitor!
(Escono tutti meno Aida.)

No. 6 Scena e romanza

AIDA. Ritorna vincitor! ... E dal mio labbro
Uscì l'empia parola! – Vincitore
Del padre mio ... di lui che impugna l'armi
Per me ... per ridonarmi
Una patria, una reggia! e il nome illustre
Che qui celar m'è forza. Vincitore
De' miei fratelli ... ond'io lo vegga, tinto
Del sangue amato, trionfar nel plauso
Dell'Egizie coorti! ... E dietro il carro,
Un Re ... mio padre ... di catene avvinto! ...

L'insana parola,
O Numi, sperdete!
Al seno d'un padre
La figlia rendete;
Struggete le squadre
Dei nostri oppressor!

Sventurata! che dissi? ... e l'amor mio? ...
Dunque scordar poss'io
Questo fervido amor che oppressa e schiava
Come raggio di sol qui mi beava?
Imprecherò la morte

es soll dich leiten und dir leuchten
auf dem Wege zum Ruhm.

AIDA *(beiseite)*. Für wen weine ich? Für wen bete ich? ...
Ich muß ihn lieben ... und doch sehe ich in ihm
einen Feind ... einen Fremdling!

ALLE. Krieg! Krieg! Vernichtung dem Aggressor!
Auf, Radames, kehre als Sieger zurück!
(Alle ab außer Aida.)

Nr. 6 Szene und Romanze

AIDA. Kehre als Sieger zurück! ... auch aus meinem Munde
kam das ruchlose Wort! Sieger über
meinen Vater ... über ihn, der die Waffen
für mich ergreift ... um mir eine Heimat,
einen Königspalast wiederzugeben! und den berühmten Namen,
den ich hier verbergen muß. – Sieger über
meine Brüder ... von deren geliebtem Blut
ich ihn befleckt sehen muß, triumphieren unter dem Beifall
der ägyptischen Streitmacht! ... und hinter dem Siegeswagen
ein König ... mein Vater ... mit Ketten gefesselt! ...

Entkräftet, ihr Götter,
das wahnwitzige Wort!
Führt die Tochter wieder
an die Vaterbrust;
zerstört die Armee
unserer Unterdrücker!

Ich Unglückselige! was sagte ich? ... und meine Liebe? ...
Kann ich denn diese glühende Liebe
vergessen, die mich Unterdrückte und Sklavin
hier wie ein Sonnenstrahl beglückte?
Werde ich Radames den Tod wünschen ...

A Radamès ... a lui che amo pur tanto!
Ah! non fu in terra mai
Da più crudeli angosce un core affranto.

I sacri nomi di padre ... d'amante
Né profferir poss'io, né ricordar ...
Per l'un ... per l'altro ... confusa ... tremante ...
Io piangere vorrei, vorrei pregar.
Ma la mia prece in bestemmia si muta ...
Delitto è il pianto a me ... colpa il sospir ...
In notte cupa la mente è perduta ...
E nell'ansia crudel vorrei morir.

Numi, pietà – del mio soffrir!
Speme non v'ha – pel mio dolor ...
Amor fatal – tremendo amor
Spezzami il cor, fammi morir!
(Esce.)

Scena seconda

Interno del Tempio di Vulcano a Menfi.

Una luce misteriosa scende dall'alto. Una lunga fila di colonne, l'una all'altra addossate, si perde fra le tenebre. Statue di varie Divinità. Nel mezzo della scena, sovra un palco coperto da tappeti, sorge l'altare sormontato da emblemi sacri. Dai tripodi d'oro si innalza il fumo degli incensi.

Sacerdoti e Sacerdotesse, Ramfis ai piedi dell'altare. A suo tempo, Radamès. Si sente dall'interno il canto delle Sacerdotesse accompagnato dalle arpe.

No. 7 Gran scena della consacrazione e Finale I

SACERDOTESSE *(nell'interno).*
Immenso Fthà, del mondo

ihn, den ich doch so sehr liebe!
Ach! niemals wurde auf Erden
ein Herz von grausameren Ängsten zermartert!

Die heiligen Namen Vater ... Geliebter
kann ich weder aussprechen noch in Erinnerung rufen ...
Für den einen ... für den anderen ... möchte ich
Verwirrte, Angsterfüllte weinen, möchte ich beten.
Aber mein Gebet wandelt sich zum Fluch ...
Verbrechen ist die Klage für mich ... Schuldspruch der Seufzer ...
An finstere Nacht ist mein Geist verloren ...
und in grausamer Angst möchte ich sterben.

Götter, Erbarmen – mit meinem Leiden!
Es gibt keine Hoffnung – für meinen Schmerz ...
Schicksalsvolle – furchtbare Liebe
brich mir das Herz, laß mich sterben!
(Geht ab.)

Zweite Szene

Inneres des Vulkan-Tempels in Memphis.

Ein geheimnisvolles Licht kommt von oben. Eine lange Reihe von Säulen, aneinandergelehnt, verliert sich im Dunkel. Statuen verschiedener Gottheiten. Inmitten der Bühne, auf einer mit Teppichen bedeckten Tribüne, erhebt sich der Altar; über ihm heilige Embleme. Aus goldenen Dreifüßen dampft Weihrauch.

Priester und Priesterinnen, Ramphis zu Füßen des Altars. Zu gegebener Zeit Radames. Man hört aus dem Innern den Gesang der Priesterinnen mit Harfenbegleitung.

Nr. 7 Tempelszene und erstes Finale

PRIESTERINNEN *(im Innern).*
Unermeßlicher Ptah, der Welt

Spirito animator,
Noi t'invochiamo!

Immenso Fthà, del mondo
Spirto fecondator,
Noi t'invochiamo!

Fuoco increato, eterno,
Onde ebbe luce il sol,
Noi t'invochiamo!

SACERDOTI. Tu che dal nulla hai tratto
L'onde, la terra e il ciel,
Noi t'invochiamo!

Nume che del tuo spirito
Sei figlio e genitor,
Noi t'invochiamo!

Vita dell'universo
Mito di eterno amor,
Noi t'invochiamo!

(Radamès viene introdotto senz'armi. Mentre va all' altare, le Sacerdotesse eseguiscono la danza sacra. Sul capo di Radamès vien steso un velo d'argento.)

RAMFIS *(a Radamès).*
Mortal, diletto ai Numi, a te fidate
Son d'Egitto le sorti. Il sacro brando
Dal Dio temprato, per tua man diventi
Ai nemici terror, folgore, morte.
(Volgendosi al Nume.)
Nume, custode e vindice
Di questa sacra terra,
La mano tua distendi
Sovra l'egizio suol.

RADAMÈS. Nume, che duce ed arbitro

belebender Geist,
dich beschwören wir!

Unermeßlicher Ptah, der Welt
befruchtender Geist,
dich beschwören wir!

Ewig währendes Urfeuer,
von dem die Sonne ihr Licht erhielt,
dich beschwören wir!

PRIESTER. Du, der du aus dem Nichts
Wasser, Erde, Himmel geschaffen hast,
dich rufen wir an!

Gottheit, der du deines Geistes
Sohn und Erzeuger bist,
dich rufen wir an!

Leben des Universums,
Mythos ewiger Liebe,
dich rufen wir an!

(Radames wird waffenlos hereingeführt. Während er zum Altar geht, führen die Priesterinnen den heiligen Tanz vor. Auf Radames' Haupt wird ein silberner Schleier gelegt.)

RAMPHIS *(zu Radames).*
Sterblicher, Liebling der Götter, dir ist
das Schicksal Ägyptens anvertraut. Das heilige Schwert,
vom Gotte geschmiedet, werde durch deine Hand
Schrecken, Blitzstrahl und Tod für die Feinde.
(Sich zur Gottheit wendend.)
Gott, Hüter und Rächer
dieser heiligen Erde,
breite deine Hand
über Ägyptens Erde.

RADAMES. Gottheit, die du Führer und Richter

Sei d'ogni umana guerra,
Proteggi tu, difendi
D'Egitto il sacro suol!

(Mentre Radamès viene investito delle armi sacre, le Sacerdotesse ed i Sacerdoti riprendono l'Inno religioso e la mistica danza.)

des menschlichen Krieges bist,
schütze du, verteidige
den heiligen Boden Ägyptens.
(Während Radames die heiligen Waffen angelegt werden, nehmen die Priesterinnen und Priester den religiösen Hymnus und den mystischen Tanz wieder auf.)

Atto secondo

Scena prima

Una Sala nell'appartamento di Amneris.

Amneris circondata dalle Schiave che l'abbigliano per la festa trionfale. Dai tripodi si eleva il profumo degli aromi. Giovani schiavi mori danzando agitano i ventagli di piume.

No. 8 Introduzione, scena, coro di donne e danza degli schiavi mori

SCHIAVE.
Chi mai fra gl'inni e i plausi
Erge alla gloria il vol,
Al par d'un Dio terribile,
Fulgente al par del sol?
Vieni: sul crin ti piovano
Contesti ai lauri i fior;
Suonin di gloria i cantici
Coi cantici d'amor.

AMNERIS *(da sé).*
Vieni, amor mio, m'inebbria ...
Fammi beato il cor!

SCHIAVE. Or, dove son le barbare
Orde dello stranier?
Siccome nebbia sparvero
Al soffio del guerrier.
Vieni: di gloria il premio
Raccogli, o vincitor;
T'arrise la vittoria,
T'arriderà l'amor.

AMNERIS *(da sé).* Vieni, amor mio, ravvivami
D'un caro accento ancor!
Silenzio! Aida verso noi si avanza ...
Figlia de' vinti, il suo dolor m'è sacro.

Zweiter Akt

Erste Szene

Ein Saal in Amneris' Wohnung.

Amneris inmitten der Sklavinnen, die sie für die Triumphfeier ankleiden. Von den Dreifüßen steigt würziger Duft auf. Junge Mohrensklaven schwenken beim Tanzen Fächer aus Federn.

Nr. 8 Introduktion. Szene, Frauenchor und Tanz der Mohrensklaven

SKLAVINNEN.
Wer schwingt sich denn unter hymnischen Gesängen
und begeisterter Zustimmung auf zum Flug in den Ruhm,
gleich einem furchtgebietenden Gott,
strahlend wie die Sonne?
Komm, aufs Haar sollen dir zusammen
mit Lorbeer Blumen regnen;
zusammen mit den Ruhmesgesängen
sollen Liebeslieder ertönen.

AMNERIS *(beiseite).*
Komm, mein Geliebter, berausche mich ...
Mach mein Herz glückselig!

SKLAVINNEN. Nun, wo bleiben die barbarischen
Horden des Fremdlings?
Wie Nebel sind sie
vor dem Feueratem des Kriegers verschwunden.
Komm, o Sieger, ernte
den Preis des Ruhms;
der Sieg lächelte dir zu,
die Liebe wird es tun.

AMNERIS *(beiseite).* Komm, meine Liebe, belebe mich
mit einem zärtlichen Laut!
Still! Aida kommt auf uns zu ...
Tochter der Besiegten, ihr Schmerz ist mir heilig.

(Ad un cenno di Amneris, le schiave si allontanano. Entra Aida portando la corona.)
Nel rivederla, il dubbio
Atroce in me si desta ...
Il mistero fatal si squarci alfine!

No. 9 Scena e duetto

AMNERIS *(ad Aida con simulata amorevolezza).*
Fu la sorte dell'armi a' tuoi funesta,
Povera Aida! – Il lutto
Che ti pesa sul cor teco divido.
Io son l'amica tua ...
Tutto da me tu avrai, vivrai felice!
AIDA. Felice esser poss'io
Lungi dal suol natio ... qui dove ignota
M'è la sorte del padre e dei fratelli? ...
AMNERIS. Ben ti compiango! pure hanno un confine
I mali di quaggiù ... Sanerà il tempo
Le angosce del tuo core ...
E più che il tempo, un Dio possente ... amore.
AIDA *(da sé, vivamente commossa).*
Amore! Amore! – gaudio ... tormento ...
Soave ebbrezza – ansia crudel ...
Ne' tuoi dolori – la vita io sento ...
Un tuo sorriso – mi schiude il ciel.
AMNERIS *(da sé, guardando Aida fissamente).*
Ah! quel pallore ... – quel turbamento
Svelan l'arcana – febbre d'amor ...
D'interrogarla – quasi ho sgomento ...
Divido l'ansie – del suo terror.
(Ad Aida, fissandola attentamente.)
Ebben: qual nuovo fremito
Ti assal, gentile Aida?

(Auf ein Zeichen von Amneris entfernen sich die Sklavinnen. Aida tritt auf mit der Krone.)
Wenn ich sie wiedersehe, erwacht
in mir furchtbarer Zweifel ...
Das unselige Geheimnis sei endlich enthüllt!

Nr. 9 Szene und Duett

AMNERIS *(zu Aida mit geheuchelter Liebenswürdigkeit).*
Der Waffen Schicksal war für die Deinen verhängnisvoll,
Arme Aida! Die Trauer,
die dein Herz beschwert, teile ich mit dir.
Ich bin deine Freundin ...
Alles wirst du von mir bekommen, glücklich wirst du leben!

AIDA. Kann ich denn glücklich sein
fern vom Land meiner Geburt ... hier, wo mir
das Schicksal des Vaters und der Brüder unbekannt ist? ...

AMNERIS. Wohl tust du mir leid! Doch hat das Unglück
hienieden seine Grenze ... Die Zeit wird
die Qualen deines Herzens heilen ...
Und mehr als die Zeit eine mächtige Gottheit ... die Liebe.

AIDA *(für sich, lebhaft bewegt).*
Liebe, Liebe! – Freude ... Qual ...
sanfter Rausch – grausame Furcht! ...
In deinen Schmerzen – fühle ich das Leben ...
Ein Lächeln von dir – öffnet mir den Himmel.

AMNERIS *(für sich, Aida scharf ins Auge fassend).*
Ach! Diese Blässe ... – diese Verwirrung
enthüllen das geheime – Liebesfieber ...
Sie zu befragen – bestürzt mich fast
Ich teile die Ängste – ihres Erschreckens ...
(Zu Aida, sie aufmerksam ansehend.)
Nun also, von welcher neuen Erschütterung
wirst du ergriffen, liebe Aida?

I tuoi segreti svelami,
All'amor mio ti affida . . .
Tra i forti che pugnarono
Della tua patria a danno . . .
Qualcuno . . . un dolce affanno . . .
Forse . . . a te in cor destò? . . .
AIDA. Che parli? . . .
AMNERIS. A tutti barbara
Non si mostrò la sorte . . .
Se in campo il duce impavido
Cadde trafitto a morte . . .
AIDA. Che mai dicesti! ahi, misera! . . .
AMNERIS. Sì . . . Radamès da' tuoi
Fu spento . . . E pianger puoi? . . .
AIDA. Per sempre io piangerò!
AMNERIS. Gli Dei t'han vendicata . . .
AIDA. Avversi sempre
Mi furo i Numi . . .
AMNERIS *(prorompendo con ira).*
Ah! trema! in cor ti lessi . . .
Tu l'ami . . .
AIDA. Io! . . .
AMNERIS. Non mentire! . . .
Un detto ancora e il vero
Saprò . . . Fissami in volto . . .
Io t'ingannavo . . . Radamès vive . . .
AIDA. *(con esaltazione, inginocchiandosi).* Ei vive!
Ah grazie, o Numi!
AMNERIS *(nel massimo furore).*
E ancor mentir tu speri? . . .
Sì . . . tu l'ami . . . Ma l'amo
Anch'io . . . intendi tu? . . . son tua rivale . . .
Figlia de' Faraoni . . .
AIDA *(con orgoglio, alzandosi).*
Mia rivale! . . .
Ebben sia pure . . . Anch'io . . .

Enthülle mir dein Geheimnis,
vertraue dich meiner Liebe an ...
Unter den starken Kriegern, die zum Schaden
deines Vaterlandes kämpften ...
weckte vielleicht einer in deinem Herzen ...
ein süßes Mitgefühl? ...

AIDA. Was sagst du da?

AMNERIS. Allen zeigte sich
das Schicksal nicht barbarisch ...
Wenn auf dem Felde der furchtlose Anführer
tödlich durchbohrt fiel ...

AIDA. Wen nanntest du da! Ach, Unglückselige! ...

AMNERIS. Ja ... Radames wurde von den Deinen
erschlagen ... Und du kannst weinen?

AIDA. Immerdar werde ich weinen!

AMNERIS. Die Götter haben dich gerächt ...

AIDA. Feindlich
waren mir immer die Götter ...

AMNERIS *(in Zorn ausbrechend)*.
Ah, zittre! In deinem Herzen las ich's! ...
Du liebst ihn ...

AIDA. Ich! ...

AMNERIS. Lüg nicht! ...
Ein Wort noch und die Wahrheit werde ich
wissen ... Sieh mir ins Antlitz ...
Ich täuschte dich ... Radames lebt ...

AIDA *(voll Begeisterung niederkniend)*. Er lebt!
Ach, Dank, ihr Götter!

AMNERIS *(in höchstem Zorn)*.
Und noch hoffst du zu lügen?
Ja ... Du liebst ihn ... Aber auch ich
liebe ihn ... Begreifst du ... ich bin deine Rivalin ...
Ich, die Tochter der Pharaonen.

AIDA *(mit Stolz sich erhebend)*.
Meine Rivalin! ...
Nun gut, sei es ruhig so ... Auch ich ...

Son tal . . .
(Reprimendosi.)
Che dissi mai? . . . pietà! perdono!

Pietà ti prenda del mio dolor . . .
È vero . . . io l'amo d'immenso amore . . .
Tu sei felice . . . tu sei possente . . .
Io vivo solo per questo amor.

AMNERIS.
Trema, vil schiava! spezza il tuo core . . .
Segnar tua morte può questo amore . . .
Del tuo destino arbitra io sono.
D'odio e vendetta le furie ho in cor.
(Suoni interni.)
Alla pompa che si appresta,
Meco, o schiava, assisterai;
Tu prostrata nella polvere,
Io sul trono, accanto al Re.
Vien . . . mi segui . . . e apprenderai
Se lottar tu puoi con me.

AIDA. Ah! pietà! . . . che più mi resta?
Un deserto è la mia vita:
Vivi e regna, il tuo furore
Io fra breve placherò.
Quest'amore che t'irrita
Nella tomba porterò.

ich bin gleichfalls ...
(Sich beherrschend.)
Was sagte ich bloß? ... Erbarmen! Verzeihung!

Hab Mitleid mit meinem Schmerz ...
Es ist wahr ... ich liebe ihn unendlich ...
Du bist glücklich ... du bist mächtig ...
Ich lebe nur für diese Liebe.

AMNERIS.
Zittere, elende Sklavin! Brechen soll dein Herz ...
Deinen Tod bedeuten kann diese Liebe ...
Über dein Schicksal bin ich die Herrin.
Von Haß und Rache rast mein Herz.
(Klänge hinter der Bühne.)
Dem Prunkaufzug, den man vorbereitet,
wirst du, Sklavin, mit mir beiwohnen;
du erniedrigt im Staube,
ich auf dem Thron neben dem König.
Komm ... folge mir ... und du wirst lernen,
ob du mit mir kämpfen kannst.

AIDA. Ach Erbarmen! ... was bleibt mir noch?
Eine Wüste ist mein Leben;
Leb' und herrsche, deinen Zorn
werde ich sehr bald besänftigen.
Diese Liebe, die dich erzürnt,
ins Grab werde ich sie mitnehmen.

Scena seconda

Uno degli ingressi della città di Tebe.

Sul davanti un gruppo di palme. A destra, il tempio di Ammone. A sinistra un trono sormontato da un baldacchino di porpora. Nel fondo, una porta trionfale. La scena è ingombra di popolo.

Entra il Re, seguito dai Ministri, Sacerdoti, Capitani, Flabelliferi, Porta insegne, ecc., ecc. Quindi. Amneris con Aida e Schiave. – Il Re va a sedere sul trono. Amneris prende posto alla sinistra del Re.

No. 10 Gran Finale II

POPOLO. Gloria all'Egitto e ad Iside
Che il sacro suol protegge;
Al Re che il Delta regge
Inni festosi alziam!
DONNE. S'intrecci il loto al lauro
Sul crin dei vincitori;
Nembo gentil di fiori
Stenda sull'armi un vel.
Danziam, fanciulle egizie,
Le mistiche carole,
Come d'intorno al sole
Danzano gli astri in ciel!
SACERDOTI. Della vittoria agli arbitri
Supremi il guardo ergete;
Grazie agli Dei rendete
Nel fortunato dì.
Così per noi di gloria
Sia l'avvenir segnato,
Nè mai ci colga il fato
Che i barbari colpì.
(Le truppe Egizie precedute dalle fanfare sfilano dinanzi

Zweite Szene

Einer der Eingänge der Stadt Theben.

Im Vordergrund eine Gruppe von Palmen. Rechts der Tempel Amuns, links ein Thron, darüber ein purpurner Baldachin. Im Hintergrund ein Triumphbogen. Auf der Bühne drängt sich das Volk.

Der König tritt auf, ihm folgen Minister, Priester, Hauptleute, Träger großer Fächer, Standartenträger usw. usw. Dann Amneris mit Aida und Sklavinnen. Der König setzt sich auf den Thron. Amneris nimmt zur Linken des Königs Platz.

Nr. 10 Zweites Finale

VOLK. Ruhm sei Ägypten und Isis,
die den heiligen Boden beschützt;
auf den König, der das Delta beherrscht,
erheben wir festliche Hymnen!
FRAUEN. Der Lotus verknüpfe sich mit dem Lorbeer
auf dem Haar der Sieger;
eine liebliche Blumenwolke
breite einen Schleier über die Waffen.
Laßt uns, ägyptische Mädchen,
die mystischen Reigen tanzen,
wie um die Sonne herum
am Himmel die Sterne tanzen!
PRIESTER. Erhebt euren Blick
zu den höchsten Garanten des Sieges;
spendet den Göttern Dank
an diesem glücklichen Tag.
So sei für uns die Zukunft
von Ruhm bestimmt,
und niemals treffe uns das Schicksal,
das die Barbaren schlug.
(Die ägyptischen Truppen defilieren hinter den Fanfaren

al Re. Seguono i carri di guerra, le insegne, i vasi sacri, le statue degli Dei. Un drappello di danzatrici che recano i tesori dei vinti.)

POPOLO. Vieni, o guerriero vindice,
Vieni a gioir con noi;
Sul passo degli eroi
I lauri e i fior versiam!
(Da ultimo Radamès, sotto un baldacchino portato da dodici ufficiali.)

IL RE *(che scende dal trono per abbracciare Radamès).*
Salvator della patria, io ti saluto.
Vieni, e mia figlia di sua man ti porga
Il serto trionfale.
(Radamès si inchina davanti ad Amneris che gli porge la corona. Il Re a Radamès).
Ora, a me chiedi
Quanto più brami. Nulla a te negato
Sarà in tal dì; lo giuro
Per la corona mia, pei sacri Numi.

RADAMÈS. Concedi in pria che innanzi a te sien tratti
I prigionier ...
(Entrano, fra le guardie, i prigionieri Etiopi, ultimo Amonasro, vestito da ufficiale.)

AIDA. Che veggo! ... Egli! ... mio padre!
(Lanciandosi verso Amonasro.)

TUTTI. Suo padre!

AMNERIS. In poter nostro! ...

AIDA *(abbracciando il padre).*
Tu! Prigionier!

AMONASRO *(piano ad Aida).*
Non mi tradir!

IL RE *(ad Amonasro).* Ti appressa ...
Dunque ... Tu sei? ...

AMONASRO. Suo padre ... Anch'io pugnai ...
Vinti noi fummo ... morte invan cercai.

vor dem König. Es folgen die Streitwagen, die Feldzeichen, die heiligen Gefäße, die Götterstatuen. Eine Gruppe von Tänzerinnen bringt die Schätze der Besiegten.)

VOLK. Komm Krieger, Vollstrecker unserer Rache,
komm, freue dich mit uns;
auf den Weg der Helden
streuen wir Lorbeer und Blumen!

(Als letzter kommt Radames unter einem von zwölf Offizieren getragenen Baldachin.)

DER KÖNIG *(steigt vom Thron herab, um Radames zu umarmen).*
Retter des Vaterlandes, dich grüße ich.
Komm, meine Tochter soll dir mit eigener Hand
den Kranz des Triumphes reichen.

(Radames verneigt sich vor Amneris, die ihm den Kranz reicht. Der König zu Radames).

Jetzt erbitte von mir,
was du am meisten begehrst. Nichts sei dir an
einem solchen Tage verweigert; ich schwöre es
bei meiner Krone und bei den heiligen Göttern.

RADAMES. Gestatte zunächst, daß dir die Gefangenen
vorgeführt werden ...

(Zwischen den Wachen treten die äthiopischen Gefangenen auf, als letzter Amonasro, wie ein Offizier gekleidet.)

AIDA. Was sehe ich! ... Er? ... mein Vater!
(Stürzt Amonasro entgegen.)

ALLE. Ihr Vater!

AMNERIS. In unserer Gewalt! ...

AIDA *(den Vater umarmend).*
Du! Gefangener!

AMONASRO *(leise zu Aida).*
Verrate mich nicht!

DER KÖNIG *(zu Amonasro).* Komm näher ...
Also ... Du bist? ...

AMONASRO. Ihr Vater ... Auch ich habe gekämpft ...
Wir wurden besiegt, vergebens suchte ich den Tod.

(Accennando alla divisa che lo veste.)
Quest'assisa ch'io vesto vi dica
Che il mio Re, la mia patria ho difeso;
Fu la sorte a nostr'armi nemica . . .
Tornò vano dei forti l'ardir.
Al mio piè nella polve disteso
Giacque il Re da più colpi trafitto;
Se l'amor della patria è delitto
Siam rei tutti, siam pronti a morir!
(Volgendosi al Re, con accento supplichevole.)
Ma tu, Re, tu signore possente,
A costoro ti volgi clemente . . .
Oggi noi siam percossi dal fato,
Domani voi potria il fato colpir.

AIDA, PRIGIONIERI, SCHIAVE.
Sì: dai Numi percossi noi siamo;
Tua pietà, tua clemenza imploriamo;
Ah! giammai di soffrir vi sia dato
Ciò che in oggi n'è dato soffrir!

RAMFIS e SACERDOTI.
Struggi, o Re, queste ciurme feroci,
Chiudi il core alle perfide voci.
Fur dai Numi votati alla morte,
Si compisca de' Numi il voler!

POPOLO. Sacerdoti, gli sdegni placate,
L'umil prece dei vinti ascoltate;
E tu, o Re, tu possente, tu forte,
A clemenza dischiudi il pensier.

RADAMÈS *(da sé, fissando Aida).*
Il dolor che in quel volto favella
Al mio sguardo la rende più bella;
Ogni stilla del pianto adorato
Nel mio petto ravviva l'amor.

AMNERIS *(da sé).*
Quali sguardi sovr'essa ha rivolti!
Di qual fiamma balenano i volti!

(Auf die Uniform zeigend, die er trägt.)
Diese Uniform, die ich trage, mag euch sagen,
daß ich meinen König, mein Vaterland verteidigt habe;
das Schicksal war unseren Waffen feindlich ...
vergebens war der feurige Mut der Tapferen.
Zu meinen Füßen im Staube hingestreckt
lag der König von mehreren Streichen durchbohrt;
wenn die Liebe zum Vaterland ein Vergehen ist,
sind wir alle schuldig, alle zum Sterben bereit!
(Sich zum König wendend, in flehendem Ton.)
Aber du, König, mächtiger Herr,
wende dich in Milde diesen zu ...
Heute sind wir vom Schicksal geschlagen,
morgen könnte das Fatum euch treffen.

AIDA, GEFANGENE, SKLAVINNEN.
Ja: von den Göttern geschlagen sind wir;
dein Erbarmen, deine Milde rufen wir an;
ach, sei euch vergönnt, niemals das zu erleiden,
was heute uns zu leiden auferlegt ist.

RAMPHIS und PRIESTER.
Vernichte, o König, dieses wilde Gesindel,
verschließe dein Herz den heimtückischen Stimmen.
Sie wurden von den Göttern dem Tode geweiht,
jetzt möge sich der Götter Wille erfüllen!

VOLK. Priester, mäßigt eure Empörung,
hört die demütige Bitte der Besiegten;
und du, o König, mächtig und stark,
der Milde erschließe dein Denken.

RADAMES *(beiseite, Aida ins Auge fassend).*
Der Schmerz, der aus diesem Gesicht spricht,
macht sie in meinen Augen noch schöner;
jeder Tropfen ihrer geliebten Tränen
entfacht in meinem Herzen die Liebe.

AMNERIS *(beiseite).*
Welchen Blick er auf sie richtet!
Von welchem Feuer ihre Gesichter entflammt sind!

E a tal sorte serbata son io? . . .
La vendetta mi rugge nel cor.
IL RE. Or che fausti ne arridon gli eventi
A costoro mostriamci clementi;
La pietà sale ai Numi gradita
E rafferma de' prenci il poter.
RADAMÈS *(al Re).* O Re: pei sacri Numi,
Per lo splendore della tua corona,
Compier giurasti il voto mio . . .
IL RE. Giurai.
RADAMÈS. Ebbene: a te pei prigionieri Etiopi
Vita domando e libertà.
AMNERIS *(da sé).* Per tutti!
SACERDOTI. Morte ai nemici della patria!
POPOLO. Grazia.
Per gli infelici!
RAMFIS. Ascolta, o Re –
(A Radamès.) Tu pure
Giovin eroe, saggio consiglio ascolta:
(Indicando i prigionieri.)
Son nemici e prodi sono . . .
La vendetta hanno nel cor;
Fatti audaci dal perdono
Correranno all'armi ancor!
RADAMÈS.
Spento Amonasro il re guerrier, non resta
Speranza ai vinti.
RAMFIS. Almeno,
Arra di pace e securtà, fra noi
Resti col padre Aida . . .
IL RE. Al tuo consiglio io cedo.
Di securtà, di pace un miglior pegno
Or io vuo' darvi. Radamès, la patria
Tutto a te deve. D'Amneris la mano
Premio ti sia. Sovra l'Egitto un giorno
Con essa regnerai . . .

Und einem solchen Schicksal bin ich bestimmt?
Die Rache tobt mir im Herzen.

DER KÖNIG. Da die Ereignisse zu unseren Gunsten stehen,
zeigen wir uns ihnen milde;
das Mitleid ist den Göttern willkommen
und stärkt die Macht der Fürsten.

RADAMES *(zum König).* O König, bei den heiligen Göttern,
beim Glanze deiner Krone
schworst du, meinen Wunsch zu erfüllen ...

DER KÖNIG. Ich schwor es.

RADAMES. Nun gut: Für die gefangenen Äthiopier
erbitte ich von dir Leben und Freiheit.

AMNERIS *(beiseite).* Für alle!

PRIESTER. Tod den Feinden des Vaterlandes.

VOLK. Gnade
für die Unglücklichen!

RAMPHIS. Höre, o König.
(Zu Radames.) Auch du,
junger Held, höre einen weisen Rat:
(Auf die Gefangenen zeigend.)
Sie sind Feinde, und sie sind tapfer ...
Rache tragen sie im Herzen;
Vom Verzeihen kühn geworden,
werden sie wieder zu den Waffen eilen!

RADAMES.
Da Amonasro, der kriegerische König, tot ist,
bleibt den Besiegten keine Hoffnung.

RAMPHIS. Als Unterpfand
von Frieden und Sicherheit bleibe
Aida mit ihrem Vater bei uns ...

DER KÖNIG. Deinem Rat folge ich.
Ein besseres Pfand für Sicherheit und Frieden
will ich euch geben. Radames, das Vaterland
schuldet dir alles. Amneris' Hand
sei dein Lohn. Über Ägypten wirst du
eines Tages mit ihr herrschen ...

AMNERIS. Venga la schiava,
Venga a rapirmi l'amor mio ... se l'osa!
IL RE. Gloria all'Egitto, ad Iside
Che il sacro suol difende;
S'intrecci il loto al lauro
Sul crin del vincitor!
SACERDOTI. Inni leviamo ad Iside
Che il sacro suol difende;
Preghiamo che i fati arridano
Fausti alla patria ognor.
AIDA *(da sé).* Qual speme ormai più restami?
A lui la gloria e il trono ...
A me l'oblio ... le lacrime
Di disperato amor.
PRIGIONIERI. Gloria al clemente Egizio
Che i nostri ceppi ha sciolto,
Che ci ridona ai liberi
Solchi del patrio suol!
RADAMÈS *(da sé).* D'avverso Nume il folgore
Sul capo mio discende ...
Ah no! d'Egitto il soglio
Non val d'Aida il cor.
AMNERIS *(da sé).* Dall'inatteso giubilo
Inebriata io sono;
Tutti in un dì si compiono
I sogni del mio cor.
AMONASRO *(ad Aida, sottovoce).* Fa cor: della tua patria
I lieti eventi aspetta:
Per noi della vendetta
Già prossimo è l'albor.
POPOLO. Gloria all'Egitto, ad Iside
Che il sacro suol difende;
S'intrecci il loto al lauro
Sul crin del vincitor!

AMNERIS *(beiseite).* Komme nun, Sklavin,
komme, mir meine Liebe zu entreißen ... wenn sie es wagt!

DER KÖNIG. Ruhm sei Ägypten und Isis,
die den heiligen Boden verteidigt;
der Lotus verbinde sich mit dem Lorbeer
auf dem Haar der Sieger!

PRIESTER. Hymnen senden wir zu Isis empor,
die den heiligen Boden verteidigt;
beten wir, daß das Schicksal
der Heimat immerdar günstig ist.

AIDA *(beiseite).* Welche Hoffnung bleibt mir jetzt noch?
Für ihn Ruhm und Thron ...
für mich Vergessen ... die Tränen
verzweifelter Liebe.

GEFANGENE. Ruhm dem gütigen Ägypter,
der unsere Ketten gelöst hat,
der uns der freien Scholle
unserer Heimaterde wiedergibt!

RADAMES *(beiseite).* Der Blitzschlag einer widrigen Gottheit
fällt auf mein Haupt ...
Ach nein! Ägyptens Erde
ist Aidas Herz nicht wert.

AMNERIS *(beiseite).* Von unerwartetem Jubel
bin ich berauscht;
an einem Tag erfüllen sich
alle Träume meines Herzens.

AMONASRO *(leise zu Aida).* Fasse Mut! Erwarte glückliche
Ereignisse für dein Vaterland:
der Tag der Rache
dämmert schon für uns herauf.

VOLK. Ruhm für Ägypten und Isis,
die die heilige Erde verteidigt;
der Lotus verbinde sich mit dem Lorbeer
auf dem Haar des Siegers!

Atto terzo

Le Rive del Nilo.

Rocce di granito fra cui crescono dei palmizi. Sul vertice delle rocce il tempio d'Iside per metà nascosto tra le fronde. È notte stellata. Splendore di luna.

No. 11 Introduzione, preghiera, coro e romanza

CORO *(nel tempio).* O tu che sei d'Osiride
Madre immortale e sposa,
Diva che i casti palpiti
Desti agli umani in cor;
Soccorri a noi pietosa,
Madre d'eterno amor.
(Da una barca che approda alla riva, discendono Amneris, Ramfis, alcune donne coperte da fitto velo e Guardie.)

RAMFIS *(ad Amneris).*
Vieni d'Iside al tempio: alla vigilia
Delle tue nozze, invoca
Della Diva il favore. Iside legge
Dei mortali nel core; ogni mistero
Degli umani a lei è noto.

AMNERIS. Sì: io pregherò che Radamès mi doni
Tutto il suo cor, come il mio cor a lui
Sacro è per sempre ...

RAMFIS. Andiamo.
Pregherai fino all'alba; io sarò teco.
(Tutti entrano nel tempio. Il Coro ripete il canto sacro.)

AIDA *(entra cautamente coperta da un velo).*
– Qui Radamès verrà ... Che vorrà dirmi?
Io tremo ... Ah! se tu vieni

Dritter Akt

Die Ufer des Nil.

Granitfelsen, zwischen denen Palmenbäume wachsen. Oben auf den Felsen der Isistempel, halb zwischen Laubwerk verborgen. Es ist eine Sternennacht. Mondschein.

Nr. 11 Introduktion, Gebet, Chor und Romanze

CHOR *(im Tempel).* O du, die du Osiris'
unsterbliche Mutter und Gattin bist,
Göttin, die du keusche Empfindungen
im Herzen der Menschen weckst,
hilf uns, du Barmherzige,
Mutter der ewigen Liebe.
(Aus einem Boot, das am Ufer anlegt, steigen Amneris, Ramphis, einige tief verschleierte Frauen und Wachen.)

RAMPHIS *(zu Amneris).*
Komm zum Isistempel: Am Vorabend
deiner Hochzeit erflehe
der Gottheit Gunst. Isis liest
im Herzen der Sterblichen; jedes Geheimnis
der Menschen ist ihr bekannt.

AMNERIS. Ja: ich werde darum beten, daß Radames mir
sein ganzes Herz schenkt, wie mein Herz
ihm für immer geweiht ist ...

RAMPHIS. Gehen wir.
Du wirst bis zur Morgendämmerung beten; ich werde bei dir sein.
(Alle gehen in den Tempel. Der Chor wiederholt den heiligen Gesang.)

AIDA *(tritt vorsichtig auf, mit einem Schleier verhüllt).*
Hierher wird Radames kommen ... Was wird er mir sagen wollen?
Mich schaudert ... Ach, wenn du kommst,

A recarmi, o crudel, l'ultimo addio,
Del Nilo i cupi vortici
Mi daran tomba ... e pace forse ... e oblio.

O cieli azzurri ... o dolci aure native
Dove sereno il mio mattin brillò ...
O verdi colli ... o profumate rive ...
O patria mia, mai più ti rivedrò!
O fresche valli ... o queto asil beato
Che un dì promesso dall'amor mi fu ...
Or che d'amore il sogno è dileguato ...
O patria mia, non ti vedrò mai più!
(Volgendosi, vede il padre.)

No. 12 Duetto

AIDA. Cielo! mio padre!
AMONASRO. A te grave cagione
M'adduce, Aida. Nulla sfugge al mio
Sguardo. D'amor ti struggi
Per Radamès ... ei t'ama ... e qui lo attendi.
Dei Faraon la figlia è tua rivale ...
Razza infame, aborrita e a noi fatale!
AIDA. E in suo potere io sto! ... Io d'Amonasro
Figlia!
AMONASRO.
In poter di lei! ... No! ... se lo brami
La possente rival tu vincerai,
E patria, e trono, e amor, tutto tu avrai.

Rivedrai le foreste imbalsamate,
Le fresche valli ... i nostri templi d'ôr! ...

AIDA *(con trasporto).*
Rivedrò le foreste imbalsamate ...
Le nostre valli ... i nostri templi d'ôr! ...

Grausamer, um mir das letzte Lebewohl zu sagen,
werden die dunklen Strudel des Nil
mir Grab sein ... und vielleicht Frieden geben ... und
Vergessen.

O blaue Himmelsweite ... o sanfte Brise meiner Heimat,
wo heiter der Morgen meines Lebens erstrahlte ...
O grüne Hügel, o duftgetränkte Ufer ...
O mein Vaterland, niemals werde ich dich wiedersehen!
O kühle Täler ... o stille glückliche Zuflucht,
die eines Tages mir von der Liebe versprochen ward ...
Jetzt, da der Liebestraum verflogen ist ...
o mein Vaterland, niemals werde ich dich wiedersehen!
(Sich umwendend, sieht sie ihren Vater.)

Nr. 12 Duett

AIDA. Himmel! Mein Vater!
AMONASRO. Zu dir führt mich
ein ernster Grund, Aida. Nichts entgeht meinem
Blick. Du vergehst vor Liebe
zu Radames ... er liebt dich ... hier erwartest du ihn.
Der Pharaonen Tochter ist deine Rivalin ...
Eine widerliche Rasse, verabscheuungswürdig und für
uns verhängnisvoll!
AIDA. Und in ihrer Macht bin ich! ... Ich, Amonasros
Tochter!
AMONASRO.
In ihrer Macht! ... Nein! ... Wenn du es willst,
wirst du die mächtige Rivalin besiegen,
und Vaterland, Thron und Liebe, alles wirst du haben.

Du wirst die balsamischen Wälder wiedersehen,
die kühlen Täler ... unsere goldenen Tempel! ...

AIDA *(mit Inbrunst).*
Ich werde die balsamischen Wälder wiedersehen,
unsere Täler ... unsere goldenen Tempel! ...

AMONASRO.
Sposa felice a lui che amasti tanto,
Tripudii immensi ivi potrai gioir . . .
AIDA *(con espansione).*
Un giorno solo di sì dolce incanto . . .
Un'ora di tal gioia . . . e poi morir!
AMONASRO. Pur rammenti che a noi l'Egizio immite,
Le case, i templi e l'are profanò . . .
Trasse in ceppi le vergini rapite . . .
Madri . . . vecchi e fanciulli ei trucidò.
AIDA. Ah! ben rammento quegl'infausti giorni!
Rammento i lutti che il mio cor soffrì . . .
Deh, fate, o Numi, che per noi ritorni
L'alba invocata dei sereni dì.
AMONASRO. Non fia che tardi. In armi ora si desta
Il popol nostro; tutto pronto è già . . .
Vittoria avrem . . . Solo a saper mi resta
Quale sentier il nemico seguirà . . .
AIDA. Chi scoprirlo potria? chi mai?
AMONASRO. Tu stessa!
AIDA. Io! . . .
AMONASRO. Radamès so che qui attendi . . . Ei t'ama . . .
(Con intenzione.)
Ei conduce gli Egizi . . . Intendi? . . .
AIDA. Orrore!
Che mi consigli tu? No! no! giammai!
AMONASRO *(con impeto selvaggio).*
Su, dunque! sorgete
Egizie coorti;
Col fuoco struggete
Le nostre città . . .
Spargete il terrore,
Le stragi, le morti . . .
Al vostro furore
Più freno non v'ha.

AMONASRO.
Als glückliche Gattin dessen, den du so sehr liebtest,
unermeßlichen Jubels wirst du dich dort erfreuen ...
AIDA *(überschwenglich).*
Nur ein Tag so süßen Zaubers ...
Eine Stunde solcher Freude ... und dann sterben!
AMONASRO. Doch erinnere dich, daß der grausame Ägypter
unsere Häuser, Tempel und Altäre entweihte ...
die geraubten Jungfrauen in Ketten wegschleppte ...
Mütter ... Alte ... Kinder mordete.
AIDA. Ach, wohl erinnere ich mich jener Schreckenstage!
Ich erinnere mich an die Trauer, die mein Herz ergriff ...
Ach, bewirkt, ihr Götter, daß für uns wiederkehre
der erflehte Morgen heiterer Tage.
AMONASRO. Er wird bald kommen. In Waffen erwacht jetzt
unser Volk; alles ist schon bereit ...
Den Sieg werden wir erringen ... Ich muß nur noch wissen,
welchen Weg der Feind nehmen wird ...
AIDA. Wer könnte es herausfinden? Wer bloß?
AMONASRO. Du selbst!
AIDA. Ich! ...
AMONASRO. Ich weiß, daß du Radames hier erwartest ... Er liebt dich ...
(Mit Nachdruck.)
Er führt die Ägypter an ... Verstehst du? ...
AIDA. Entsetzlich!
Was rätst du mir da? Nein! Nein! Niemals!
AMONASRO *(wild ausbrechend).* Auf denn! Erhebt euch,
ägyptische Truppen;
mit Feuer zerstört
unsere Städte ...
Verbreitet Schrecken,
Massaker, Tod ...
Euer Rasen
kennt keinen Halt.

AIDA. Ah padre! ...
AMONASRO *(respingendola)*.
Mia figlia
Ti chiami! ...
AIDA *(atterrita e supplichevole)*. Pietà!
AMONASRO. Flutti di sangue scorrono
Sulle città dei vinti ...
Vedi? dai negri vortici
Si levano gli estinti ...
Ti additan essi e gridano:
Per te la patria muor!
AIDA. Pietà! ...
AMONASRO. Una larva orribile
Fra l'ombre a noi s'affaccia ...
Trema! le scarne braccia
Sul capo tuo levò ...
Tua madre ell'è ... ravvisala ...
Ti maledice ...
AIDA *(nel massimo terrore)*. Ah! no! ...
Padre ...
AMONASRO *(respingendola)*.
Non sei mia figlia ...
Dei Faraoni tu sei la schiava.
AIDA *(trascinandosi a stento a' piedi del padre.)*
Padre, a costoro schiava io non sono ...
Non maledirmi ... non imprecarmi ...
Ancor tua figlia potrai chiamarmi ...
Della mia patria degna sarò.
AMONASRO. Pensa che un popolo, vinto, straziato,
Per te soltanto risorger può ...
AIDA. O patria! o patria ... quanto mi costi!
AMONASRO.
Coraggio! ei giunge ... là tutto udrò ...
(Si nasconde fra i palmizii.)

AIDA. Ach Vater! ...
AMONASRO *(sie zurückstoßend).*
Meine Tochter
nennst du dich! ...
AIDA *(erschreckt und flehend).* Erbarmen!
AMONASRO. Ströme von Blut fließen
auf die Städte der Besiegten ...
Siehst du es? Aus schwarzen Strudeln
erheben sich die Toten ...
Auf dich zeigen sie und schreien:
Durch dich stirbt das Vaterland!
AIDA. Erbarmen! ...
AMONASRO. Ein grausiges Gespenst
zeigt sich uns unter den Schatten ...
Zittere! Seine mageren Arme
hat es über deinen Kopf erhoben ...
Es ist deine Mutter ... erkenne sie ...
Sie verflucht dich ...
AIDA *(in höchstem Schrecken).* Ach, nein! ...
Vater!
AMONASRO *(sie zurückstoßend).*
Du bist nicht meine Tochter!
Du bist die Sklavin der Pharaonen!
AIDA *(sich mit Mühe zu den Füßen des Vaters schleppend).*
Vater, deren Sklavin bin ich nicht ...
Verfluche mich nicht ... verwünsche mich nicht ..
Noch wirst du mich deine Tochter nennen können,
meines Vaterlandes werde ich würdig sein.
AMONASRO.
Denke daran, daß ein besiegtes, gepeinigtes Volk
nur durch dich sich wieder erheben kann ...
AIDA.
O Vaterland! O Vaterland ... wieviel kostest du mich!
AMONASRO.
Nur Mut, er kommt ... dort werde ich alles hören ...
(Er verbirgt sich zwischen den Palmenbäumen.)

No. 13 Duetto

RADAMÈS *(entrando).*
Pur ti riveggo, mia dolce Aida ...
AIDA. Ti arresta, vanne ... che speri ancor?
RADAMÈS. A te dappresso l'amor mi guida.
AIDA. Te i riti attendono d'un altro amor.
D'Amneris sposo ...
RADAMÈS. Che parli mai? ...
Te sola, Aida, te deggio amar.
Gli Dei mi ascoltano ... tu mia sarai ...
AIDA. D'uno spergiuro non ti macchiar!
Prode t'amai, non t'amerei spergiuro.
RADAMÈS. Dell'amor mio dubiti, Aida?
AIDA. E come
Speri sottrarti d'Amneris ai vezzi,
Del Re al voler, del tuo popolo ai voti,
Dei sacerdoti all'ira?
RADAMÈS. Odimi, Aida.
Nel fiero anelito di nuova guerra
Il suolo Etiope si ridestò ...
I tuoi già invadono la nostra terra,
Io degli Egizi duce sarò.
Fra il suon, fra i plausi della vittoria,
Al Re mi prostro, gli svelo il cor ...
Sarai tu il serto della mia gloria,
Vivrem beati d'eterno amor.
AIDA. Né d'Amneris paventi
Il vindice furor? La sua vendetta,
Come folgor tremenda,
Cadrà su me, sul padre mio, su tutti.
RADAMÈS. Io vi difendo.
AIDA. Invan! tu nol potresti ...
Pur ... se tu m'ami ... ancor s'apre una via
Di scampo a noi ...

Nr. 13 Duett

RADAMES *(tritt auf).*
Ich sehe dich wirklich wieder, meine süße Aida ...
AIDA. Bleib stehen, geh weg ... Was hoffst du noch?
RADAMES. Zu dir ganz nahe führt mich die Liebe.
AIDA. Die Zeremonie einer anderen Liebe erwartet dich.
Als Gatte der Amneris ...
RADAMES. Was sagst du denn? ...
Dich allein, Aida, dich muß ich lieben.
Die Götter hören mich ... du wirst die Meine sein ...
AIDA. Beflecke dich nicht mit einem Meineid!
Als Held liebte ich dich, als Meineidigen werde ich dich nicht mehr lieben.
RADAMES. An meiner Liebe zweifelst du, Aida?
AIDA. Und wie
hoffst du dich den Reizen der Amneris zu entziehen,
dem Willen des Königs, den Wünschen des Volkes,
dem Zorn der Priester?
RADAMES. Höre mich, Aida.
In stolzem Verlangen nach einem neuen Krieg
erwachte das Land Äthiopien ...
Die Deinen dringen schon in unser Land,
ich werde der Anführer der Ägypter sein.
Beim Klang, beim Beifallsgeschrei der Siegesfeier
werfe ich mich dem König zu Füßen, öffne ihm mein Herz ...
Du wirst der Kranz meines Ruhmes sein,
glücklich werden wir in ewiger Liebe leben.
AIDA. Und fürchtest du nicht den rächenden Zorn
der Amneris? Ihre Rache
wird wie ein furchtbarer Blitzschlag
auf mich, meinen Vater, auf alle fallen.
RADAMES. Ich verteidige euch.
AIDA. Vergebens, du würdest es nicht können ...
Doch ... wenn du mich liebst ... eröffnet sich noch ein Ausweg für uns ...

RADAMÈS. Quale?
AIDA. Fuggir ...
RADAMÈS. Fuggire!
AIDA *(colla più viva espansione).*
Fuggiam gli ardori inospiti
Di queste lande ignude;
Una novella patria
Al nostro amor si schiude ...
Là ... tra foreste vergini,
Di fiori profumate,
In estasi beate
La terra scorderem.
RADAMÈS. Sovra una terra estrania
Teco fuggir dovrei!
Abbandonar la patria,
L'are de' nostri Dei!
Il suol dov'io raccolsi
Di gloria i primi allori,
Il ciel dei nostri amori
Come scordar potrem?
AIDA. Sotto il mio ciel, più libero
L'amor ne fia concesso;
Ivi nel tempio istesso
Gli stessi Numi avrem.
RADAMÈS *(esitante).*
Aida!
AIDA. Tu non m'ami ... Va! –
RADAMÈS. Non t'amo!
(Con energia.)
Mortal giammai né Dio
Arse d'amore al par del mio possente.
AIDA. Va ... va ... t'attende all'ara
Amneris ...
RADAMÈS. No! ... giammai! ...
AIDA. Giammai, dicesti?

RADAMES. Welcher?
AIDA. Fliehen . . .
RADAMES. Fliehen!
AIDA *(mit größter Überschwenglichkeit).*
Fliehen wir die unwirtliche Hitze
dieser kahlen Ebenen;
ein neues Vaterland
erschließt sich unserer Liebe . . .
Dort . . . in urwüchsigen Wäldern,
von Blumen duftend,
werden wir in glückseliger Ekstase
die Erde vergessen.
RADAMES. In ein fremdes Land
sollte ich mit dir fliehen!
Das Vaterland aufgeben,
die Altäre unserer Götter!
Den Boden, wo ich die ersten
Lorbeeren des Ruhmes erntete,
den Himmel unserer Liebe,
wie werden wir sie vergessen können?
AIDA.
Unter meinem Himmel wird
uns eine freiere Liebe vergönnt sein;
dort werden wir in demselben Tempel
dieselben Götter haben.
RADAMES *(zögernd).*
Aida!
AIDA. Du liebst mich nicht . . . Geh!
RADAMES. Ich lieb dich nicht!
(Energisch.)
Kein Sterblicher, kein Gott brannte
jemals von so starker Liebe wie der meinen.
AIDA. Geh . . . geh . . . am Altar erwartet dich
Amneris . . .
RADAMES. Nein! . . . Niemals! . . .
AIDA. Niemals, sagtest du?

Allor piombi la scure
Su me, sul padre mio . . .

RADAMÈS *(con appassionata risoluzione).*
Ah no! fuggiamo!
Sì, fuggiam da queste mura,
Al deserto insiem fuggiamo;
Qui sol regna la sventura,
Là si schiude un ciel d'amor.
I deserti interminati
A noi talamo saranno,
Su noi gli astri brilleranno
D'un insolito fulgor.

AIDA. Nella terra avventurata
De' miei padri il ciel ne attende;
Ivi l'aura è imbalsamata,
Ivi il suolo è aromi e fior.
Fresche valli e verdi prati
A noi talamo saranno,
Su noi gli astri brilleranno
D'un insolito fulgor.

AIDA e RADAMÈS. Vieni meco, insiem fuggiamo
Questa terra di dolor.
Vieni meco, t'amo, t'amo!
A noi duce fia l'amor.
(Si allontanano rapidamente.)

AIDA *(arrestandosi all'improvviso).*
Ma, dimmi: per qual via
Eviterem le schiere
Degli armati?

RADAMÈS. Il sentier scelto dai nostri
A piombar sul nemico fia deserto
Fino a domani . . .

AIDA. E qual sentier? . . .

RADAMÈS. Le gole
Di Nàpata . . .

Dann falle das Beil auf mich,
auf meinen Vater ...

RADAMES *(mit leidenschaftlicher Entschlossenheit).*
Ach, nein! Fliehen wir!
Ja, fliehen wir aus diesen Mauern,
fliehen wir zusammen in die Wüste;
hier herrscht nur Unglück,
dort erschließt sich ein Liebeshimmel.
Die unendlichen Wüsten
werden uns Ehebett sein,
über uns werden die Sterne
in ungewohntem Glanze glühen.

AIDA. In dem glückbegünstigten Land
meiner Väter wartet der Himmel auf uns;
dort ist die Atmosphäre balsamisch,
dort besteht der Boden aus duftenden Blumen.
Frische Täler und grüne Wiesen
werden unser Ehebett sein,
über uns werden die Sterne
in ungewohntem Glanze glühen.

AIDA und RADAMES.
Komm mit mir, zusammen fliehen wir
aus diesem Land des Schmerzes.
Komm mit mir, ich liebe dich, ich liebe dich!
Die Liebe wird unser Führer sein.
(Sie entfernen sich schnell.)

AIDA *(bleibt unvermittelt stehen).*
Aber sag mir: auf welchem Weg
werden wir die Truppen
der Soldaten umgehen?

RADAMES. Der Pfad, den die Unsrigen wählten,
um den Feind zu überfallen, wird bis morgen
menschenleer sein ...

AIDA. Und welcher Pfad? ...

RADAMES. Die Schluchten
von Napata ...

Nr. 14 Scena, Finale III

AMONASRO. Di Nàpata le gole!
Ivi saranno i miei . . .
RADAMÈS. Oh! chi ci ascolta? . . .
AMONASRO. D'Aida il padre e degli Etiopi il Re.
RADAMÈS *(agitatissimo).*
Tu! Amonasro! . . . tu, il Re? Numi! che dissi?
No! . . . non è ver! . . . sogno . . . delirio è questo . . .
AIDA. Ah no! ti calma . . . ascoltami,
All'amor mio t'affida.
AMONASRO. A te l'amor d'Aida
Un soglio innalzerà.
RADAMÈS. Io son disonorato . . .
Per te tradii la patria!
AMONASRO. No: tu non sei colpevole –
Era voler del fato . . .
Vieni: oltre il Nil ne attendono
I prodi a noi devoti;
Là del tuo core i voti
L'amor coronerà.

Amneris dal tempio, indi Ramfis, Sacerdoti, Guardie, e detti.

AMNERIS. Traditor!
AIDA. La mia rival! . . .
AMONASRO *(avventandosi ad Amneris con un pugnale).*
L'opra mia a strugger vieni!
Muori! . . .
RADAMÈS *(frapponendosi).*
Arresta, insano! . . .
AMONASRO. Oh rabbia!
RAMFIS. Guardie, olà!

Nr. 14 Szene, Finale

AMONASRO. Die Schluchten von Napata!
Dort werden die Meinen sein . . .
RADAMES. Oh, wer hört uns zu?
AMONASRO. Aidas Vater und der Äthiopier König.
RADAMES *(in höchster Erregung).*
Du, Amonasro! . . . du, der König? . . . Götter! was sagt' ich?
Nein! . . . Es ist nicht wahr! . . . Traum . . . Fieberwahn ist das . . .
AIDA. Ach nein! beruhige dich . . . hör mich an,
verlasse dich auf meine Liebe.
AMONASRO. Aidas Liebe wird dir
einen Thron errichten.
RADAMES. Ich bin entehrt . . .
Für dich verriet ich das Vaterland!
AMONASRO. Nein, du bist nicht schuldig,
es war des Schicksals Wille . . .
Komm, jenseits des Nils erwarten uns
die uns ergebenen tapferen Männer;
dort wird deines Herzens Wünsche
die Liebe krönen.

Amneris tritt aus dem Tempel, dann Ramphis, Priester, Wachen und die Vorigen.

AMNERIS. Verräter!
AIDA. Meine Rivalin! . . .
AMONASRO *(sich mit einem Dolch auf Amneris stürzend).*
Du kommst, mein Werk zu zerstören!
Stirb! . . .
RADAMES *(sich dazwischenstellend).*
Halt ein, Wahnsinniger! . . .
AMONASRO. Verflucht!
RAMPHIS. Wachen hierher!

RADAMÈS *(ad Aida e Amonasro).*
Presto! ... fuggite! ...
AMONASRO *(trascinando Aida).*
Vieni, o figlia!
RAMFIS *(alle Guardie).*
Li inseguite!
RADAMÈS *(a Ramfis).* Sacerdote, io resto a te.

RADAMES *(zu Aida und Amonasro).*
Schnell! … Flieht! …
AMONASRO *(Aida mit sich fortziehend).*
Komm, Tochter!
RAMPHIS *(zu den Wachen).*
Verfolgt sie!
RADAMES *(zu Ramphis).* Priester, ich bleibe dir.

Atto quarto

Scena prima

Sala nel Palazzo del Re.

Alla sinistra, una gran porta che mette alla sala sotterranea delle sentenze. Andito a destra che conduce alla prigione di Radamès.

No. 15 Scena e Duetto

AMNERIS *(mestamente atteggiata davanti la porta del sotterraneo).*
L'abborrita rivale a me sfuggia …
Dai sacerdoti Radamès attende
Dei traditor la pena. – Traditore
Egli non è … Pur rivelò di guerra
L'alto segreto … egli fuggir volea …
Con lei fuggire … Traditori tutti!
A morte! A morte! … Oh! che mai parlo? io l'amo …
Io l'amo sempre … Disperato, insano
È quest'amor che la mia vita strugge.
Oh! s'ei potesse amarmi! …
Vorrei salvarlo … E come?
Si tenti! … Guardie: Radamès qui venga.

Radamès condotto dalle guardie – Amneris.

AMNERIS. Già i sacerdoti adunansi
Arbitri del tuo fato;
Pur dell'accusa orribile
Scolparti ancor t'è dato;
Ti scolpa, e la tua grazia
Io pregherò dal trono,

Vierter Akt

Erste Szene

Saal im Palast des Königs.

Auf der linken Seite eine große Tür, die zu dem unterirdischen Saal führt, in dem die Urteile gesprochen werden. Rechts ein Korridor, der zum Gefängnis des Radames führt.

Nr. 15 Szene und Duett

AMNERIS *(in trauriger Stimmung vor der Tür des unterirdischen Gewölbes).*
Die verhaßte Rivalin entkam mir ...
Von den Priestern erwartet Radames
die Strafe für Verräter. – Ein Verräter
ist er nicht ... Und doch enthüllte er
das hohe Kriegsgeheimnis ... Er wollte fliehen ...
mit ihr fliehen ... Alles Verräter!
Tötet sie! Tötet sie! ... Oh! Was sage ich denn? Ich liebe ihn ...
Noch immer liebe ich ihn ... Hoffnungslos, wahnsinnig
ist diese Liebe, die mein Leben zerstört.
Oh! Wenn er mich lieben könnte! ...
Ich möchte ihn retten. ... Aber wie?
Man soll es versuchen! ... Wachen: Radames komme hierher.

Radames, von den Wachen geführt, Amneris.

AMNERIS. Schon versammeln sich die Priester,
Richter über dein Schicksal;
doch es wird dir noch gewährt,
dich gegen die furchtbare Anklage zu rechtfertigen;
rechtfertige dich, und Gnade werde
ich für dich beim Thron erflehen,

E nunzia di perdono,
Di vita, a te sarò.
RADAMÈS. Di mie discolpe i giudici
Mai non udran l'accento;
Dinanzi ai Numi e agli uomini
Né vil, né reo mi sento.
Profferse il labbro incauto
Fatal segreto, è vero,
Ma puro il mio pensiero
E l'onor mio restò.
AMNERIS. Salvati dunque e scolpati.
RADAMÈS. No.
AMNERIS. Tu morrai ...
RADAMÈS. La vita
Abborro! d'ogni gaudio
La fonte inaridita,
Svanita ogni speranza,
Sol bramo di morir.
AMNERIS.
Morire! ... ah! ... tu dei vivere! ...
Sì, all'amor mio vivrai;
Per te le angosce orribili
Di morte io già provai;
T'amai ... soffersi tanto ...
Vegliai le notti in pianto ...
E patria, e trono, e vita
Tutto darei per te.
RADAMÈS. Per essa anch'io la patria
E l'onor mio tradiva ...
AMNERIS. Di lei non più! ...
RADAMÈS. L'infamia
Mi attende e vuoi che io viva? ...
Misero appien mi festi,
Aida a me togliesti,
Spenta l'hai forse ... e in dono
Offri la vita a me?

und ich werde dir Verkünderin
von Begnadigung und Lebensrettung sein.

RADAMES. Ein Wort der Entschuldigung
werden die Richter nie von mir hören;
vor den Göttern und den Menschen
fühle ich mich weder niedrig noch schuldig.
Daß mein unvorsichtiger Mund ein
verhängnisvolles Geheimnis aussprach, ist wahr,
aber rein blieb meine Gesinnung
und rein auch meine Ehre.

AMNERIS. Rette dich doch und rechtfertige dich.

RADAMES. Nein.

AMNERIS. Du wirst sterben ...

RADAMES. Das Leben
hasse ich! Da der Quell
jeder Freude versiegt,
jede Hoffnung entschwunden ist,
begehre ich nur zu sterben.

AMNERIS.
Sterben! ... ach! ... du mußt leben! ...
Ja, für meine Liebe wirst du leben;
um dich habe ich schon
schreckliche Todesängste empfunden;
ich liebte dich ... ich litt so sehr,
durchwachte die Nächte in Tränen ...
und Vaterland, Thron und Leben
alles würde ich für dich geben.

RADAMES. Auch ich verriet das Vaterland
und meine Ehre für sie ...

AMNERIS. Von ihr nichts mehr! ...

RADAMES. Schande
erwartet mich, und du willst, daß ich lebe? ...
Vollkommen unglücklich machtest du mich,
Aida nahmst du mir;
vielleicht hast du sie umgebracht ... und als Geschenk
bietest du mir das Leben?

AMNERIS. Io ... di sua morte origine!
No! ... vive Aida ...
RADAMÈS. Vive!
AMNERIS. Nei disperati aneliti
Dell'orde fuggitive
Sol cadde il padre ...
RADAMÈS. Ed ella? ...
AMNERIS. Sparve, né più novella
S'ebbe ...
RADAMÈS. Gli Dei l'adducano
Salva alle patrie mura,
E ignori la sventura
Di chi per lei morrà!
AMNERIS. Ma, s'io ti salvo, giurami
Che più non la vedrai ...
RADAMÈS. Nol posso! ...
AMNERIS. A lei rinunzia
Per sempre ... e tu vivrai! ...
RADAMÈS. Nol posso!
AMNERIS. Anco una volta:
A lei rinunzia ...
RADAMÈS. È vano ...
AMNERIS. Morir vuoi dunque, insano?
RADAMÈS. Pronto a morir son già.
AMNERIS.
Chi ti salva, o sciagurato,
Dalla sorte che ti aspetta?
In furor hai tu cangiato
Un amor ch'egual non ha.
De'miei pianti la vendetta
Or dal ciel si compirà.
RADAMÈS.
È la morte un ben supremo
Se per lei morir m'è dato;
Nel subir l'estremo fato
Gaudii immensi il core avrà;

AMNERIS. Ich ... Ursache ihres Todes!
Nein! ... Aida ist am Leben ...
RADAMES. Sie lebt!
AMNERIS. In den verzweifelten Kämpfen
der flüchtenden Horden
fiel nur der Vater ...
RADAMES. Und sie? ...
AMNERIS. Sie verschwand, und keine Nachricht
hat man ...
RADAMES. Die Götter mögen sie heil
zu den heimatlichen Mauern führen,
und möge sie nicht das Unglück
dessen kennen, der für sie sterben wird!
AMNERIS. Aber wenn ich dich rette, schwöre mir,
daß du sie nicht mehr sehen wirst ...
RADAMES. Das kann ich nicht!
AMNERIS. Verzichte auf sie
für immer ... und du wirst leben! ...
RADAMES. Das kann ich nicht!
AMNERIS. Noch einmal:
Verzichte auf sie ...
RADAMES. Es ist zwecklos ...
AMNERIS. Du willst also sterben, Wahnsinniger?
RADAMES. Freilich bin ich bereit zu sterben.
AMNERIS.
Wer rettet dich, Unglückseliger,
vom Los, das dich erwartet?
In Wut hast du eine Liebe
gewandelt, die ihresgleichen nicht hat.
Die Rache für meine Tränen
wird sich jetzt durch den Himmel erfüllen.
RADAMES.
Der Tod ist höchstes Gut,
wenn ich für sie sterben darf;
beim Erleiden des äußersten Schicksals
wird mein Herz unendliche Freude empfinden;

L'ira umana io più non temo,
Temo sol la tua pietà.
(Radamès parte circondato dalle guardie.)

No. 16 Scena del giudizio

AMNERIS *(cade desolata su un sedile).*
Ohimè! . . . morir mi sento . . . Oh! chi lo salva?
(Soffocata dal pianto.)
E in poter di costoro
Io stessa lo gettai! . . . Ora a te impreco,
Atroce gelosia, che la sua morte
E il lutto eterno del mio cor segnasti!
(Si volge e vede i Sacerdoti che attraversano la scena per entrare nel sotterraneo.)
Ecco i fatali,
Gli inesorati ministri di morte . . .
Oh! ch'io non vegga quelle bianche larve!
(Si copre il volto colle mani.)
SACERDOTI *(nel sotterraneo).*
Spirto del Nume, sovra noi discendi!
Ne avviva al raggio dell'eterna luce;
Pel labbro nostro tua giustizia apprendi.
AMNERIS. Numi, pietà del mio straziato core . . .
Egli è innocente, lo salvate, o Numi!
Disperato, tremendo è il mio dolore!
(Radamès fra le guardie attraversa la scena e scende nel sotterraneo. Amneris, al vederlo, mette un grido.)
RAMFIS *(nel sotterraneo).*
Radamès, Radamès: tu rivelasti
Della patria i segreti allo straniero . . .
SACERDOTI. Discolpati!
RAMFIS. Egli tace . . .

menschlichen Zorn fürchte ich nicht mehr,
ich fürchte nur dein Mitleid.
(Inmitten der Wachen geht Radames ab.)

Nr. 16 Gerichtsszene

AMNERIS *(sinkt verzweifelt auf einen Sitz).*
Weh mir! ... ich meine zu sterben ... Oh! Wer rettet ihn?
(Tränenerstickt.)
Und in deren Macht
lieferte ich ihn selbst! ... Jetzt verfluche ich dich,
entsetzliche Eifersucht, die du seinen Tod
und die ewige Trauer meines Herzens besiegeltest!
(Sie wendet sich um und sieht die Priester, die die Bühne überqueren, um in das unterirdische Gewölbe zu gehen.)
Da sind die unheilvollen,
die unerbittlichen Diener des Todes ...
Oh, daß ich sie nur nicht sehen müßte, jene weißen Gespenster!
(Sie bedeckt das Gesicht mit den Händen.)

PRIESTER *(im unterirdischen Gewölbe).*
Du Geist des Gottes, schwebe auf uns nieder!
Belebe uns mit dem Strahl des ewigen Lichts;
durch unseren Mund teile deine Gerechtigkeit mit.

AMNERIS. Götter, Mitleid mit meinem zerrissenen Herzen ...
Er ist unschuldig, rettet ihn, o Götter!
Verzweifelt, schrecklich ist mein Schmerz!
(Radames überquert die Bühne inmitten der Wachen und steigt ins unterirdische Gewölbe hinab. Amneris stößt einen Schrei aus, als sie ihn sieht.)

RAMPHIS *(im unterirdischen Gewölbe).*
Radames, Radames: du enthülltest
dem Fremden die Geheimnisse des Vaterlandes ...

PRIESTER. Rechtfertige dich!

RAMPHIS. Er schweigt ...

TUTTI. Traditor!
RAMFIS. Radamès – Radamès: tu disertasti
Dal campo il dì che precedea la pugna.
SACERDOTI. Discolpati!
RAMFIS. Egli tace ...
TUTTI. Traditor!
RAMFIS. Radamès, Radamès: tua fe'violasti,
Alla patria spergiuro, al Re, all'onor.
SACERDOTI. Discolpati!
RAMFIS. Egli tace.
TUTTI. Traditor!
Radamès: è deciso il tuo fato;
Degl'infami la morte tu avrai;
Sotto l'ara del Nume sdegnato
A te vivo fia schiuso l'avel.
AMNERIS. A lui vivo ... la tomba ... oh! gli infami!
Né di sangue son paghi giammai ...
E si chiaman ministri del ciel!
(Investendo i Sacerdoti che escono dal sotterraneo.)
Sacerdoti: compiste un delitto ...
Tigri infami di sangue assetate ...
Voi la terra ed i Numi oltraggiate ...
Voi punite chi colpa non ha.
SACERDOTI. È traditor! morrà.
AMNERIS *(a Ramfis)*. Sacerdote: quest'uomo che uccidi,
Tu lo sai ... da me un giorno fu amato ...
L'anatèma d'un core straziato
Col suo sangue su te ricadrà!
SACERDOTI. È traditor! morrà.
(Si allontanano lentamente.)
AMNERIS. Empia razza! anatèma su voi!
La vendetta del ciel scenderà!
(Esce disperata.)

ALLE. Verräter!

RAMPHIS. Radames, Radames: du desertiertest
aus dem Lager am Tage vor der Schlacht.

PRIESTER. Rechtfertige dich!

RAMPHIS. Er schweigt ...

ALLE. Verräter!

RAMPHIS. Radames, Radames: du brachst die Treue,
meineidig dem Vaterland, dem König, der Ehre.

PRIESTER. Rechtfertige dich!

RAMPHIS. Er schweigt ...

ALLE. Verräter!
Radames: dein Schicksal ist entschieden;
den Tod für Gottlose wirst du erleiden;
unter dem Altar des beleidigten Gottes
wird für dich bei lebendigem Leibe das Grab geöffnet werden.

AMNERIS. Für ihn bei lebendigem Leibe ... das Grab ... oh! die Abscheulichen!
Niemals ist ihr Blutdurst gestillt ...
und sie nennen sich Diener des Himmels!
(Die Priester anfahrend, die aus dem unterirdischen Gewölbe kommen.)
Priester: ihr begingt ein Verbrechen ...
ihr schändlichen, blutdürstigen Tiger ...
ihr beleidigt Erde und Götter ...
ihr bestraft einen Schuldlosen.

PRIESTER. Er ist ein Verräter! Er wird sterben!

AMNERIS *(zu Ramphis).* Priester, dieser Mann, den du tötest,
du weißt es ... wurde von mir einst geliebt ...
Der Fluch eines zerrissenen Herzens
wird mit seinem Blut über dich kommen!

PRIESTER. Er ist ein Verräter! Er wird sterben!
(Sie entfernen sich langsam.)

AMNERIS. Gottlose Rasse! Fluch über euch!
Auf euch falle die Rache des Himmels!
(Sie geht verzweifelt ab.)

Scena seconda

La Scena è divisa in due piani.

Il piano superiore rappresenta l'interno del tempio di Vulcano splendente d'oro e di luce: il piano inferiore un sotterraneo. Lunghe file d'arcate si perdono nell'oscurità. Statue colossali d'Osiride colle mani incrociate sostengono i pilastri della volta.

Radamès è nel sotterraneo sui gradini della scala per cui è disceso. Al di sopra, due Sacerdoti intenti a chiudere la pietra del sotterraneo.

No. 17 Scena e duetto – Finale ultimo

RADAMÈS. La fatal pietra sovra me si chiuse ...
Ecco la tomba mia. Del dì la luce
Più non vedrò ... Non rivedrò più Aida ...
Aida, ove sei tu? Possa tu almeno
Viver felice e la mia sorte orrenda
Sempre ignorar! – Qual gemito! ... Una larva ...
Una vision ... No! forma umana è questa ...
Cielo! ... Aida!

AIDA. Son io ...

RADAMÈS *(nella massima disperatione).*
Tu ... in questa tomba!

AIDA *(triste).* Presago il core della tua condanna,
In questa tomba che per te s'apriva
Io penetrai furtiva ...
E qui lontana da ogni umano sguardo
Nelle tue braccia desiai morire.

RADAMÈS. Morir! sì pura e bella!
Morir per me d'amore ...
Degli anni tuoi nel fiore

Zweite Szene

Die Bühne ist in zwei Ebenen geteilt.

Der obere Teil stellt das Innere des Tempels des Vulkan dar, von Gold und Licht glänzend; die untere Ebene ist ein unterirdisches Gewölbe. Lange Bogenreihen verlieren sich in der Dunkelheit. Kolossalstatuen des Osiris mit gekreuzten Händen stützen die Pilaster des Gewölbes.

Radames ist im unterirdischen Gewölbe auf den Treppenstufen, über die er hinabgestiegen ist. Über ihm sind zwei Priester dabei, das unterirdische Gewölbe mit dem Stein zu schließen.

Nr. 17 Szene, Duett und letztes Finale

RADAMES. Der unheilvolle Stein schloß sich über mir ...
Das hier ist mein Grab. Das Tageslicht
werde ich nicht mehr sehen ... Aida werde ich nicht wiedersehen ...
Aida, wo bist du? Könntest du wenigstens
glücklich leben und mein schreckliches Los
niemals erfahren! – Welch ein Seufzer! ... Ein Gespenst ...
Eine Vision ... Nein! das ist eine menschliche Gestalt ...
Himmel! ... Aida!

AIDA. Ich bin es ...

RADAMES *(in höchster Verzweiflung).*
Du ... in diesem Grabe!

AIDA *(traurig).* Mein Herz ahnte deine Verurteilung voraus,
ich drang heimlich in dieses Grab,
das sich für dich öffnete ...
und hier, fern von jedem menschlichen Blick,
wollte ich in deinen Armen sterben.

RADAMES. Sterben! so rein und schön!
für mich aus Liebe sterben ...
In der Blüte deiner Jahre

Fuggir la vita!
T'aveva il cielo per l'amor creata,
Ed io t'uccido per averti amata!
No, non morrai!
Troppo t'amai! ...
Troppo sei bella!

AIDA *(vaneggiando).*
Vedi? ... di morte l'angelo
Radiante a noi s'appressa ...
Ne adduce a eterni gaudii
Sovra i suoi vanni d'or.
Già veggo il ciel dischiudersi ...
Ivi ogni affanno cessa ...
Ivi comincia l'estasi
D'un immortale amor.
(Canti e danze delle Sacerdotesse nel tempio.)
Triste canto! ...

RADAMÈS. Il tripudio
Dei Sacerdoti ...

AIDA. Il nostro inno di morte ...

RADAMÈS *(cercando di smuovere la pietra del sotterraneo).*
Né le mie forti braccia
Smuovere ti potranno o fatal pietra!

AIDA. Invan! ... tutto è finito
Sulla terra per noi ...

RADAMÈS *(con desolata rassegnazione).*
È vero! è vero! ...
(Si avvicina ad Aida e la sorregge.)

AIDA e RADAMÈS.
O terra, addio; addio valle di pianti ...
Sogno di gaudio che in dolor svanì ...
A noi si schiude il cielo e l'alme erranti
Volano al raggio dell'eterno dì.
(Aida cade dolcemente fra le braccia di Radamès.)

das Leben fliehen!
Dich hatte der Himmel für die Liebe erschaffen,
und ich töte dich, weil ich dich geliebt habe!
Nein, du wirst nicht sterben!
Zu sehr liebte ich dich! ...
Du bist zu schön!

AIDA *(phantasierend).*
Siehst du? ... der Todesengel
nähert sich uns strahlend ...
Er führt uns zu ewigen Freuden
auf seinen goldenen Schwingen.
Schon sehe ich den Himmel sich öffnen ...
Dort endet alle Pein ...
Dort beginnt die Ekstase
einer unsterblichen Liebe.
(Gesänge und Tänze der Priesterinnen im Tempel.)
Trauriger Gesang!

RADAMES. Der Jubel
der Priester! ...

AIDA. Unser Todeshymnus ...

RADAMES *(versucht den Stein über dem unterirdischen Gewölbe wegzubewegen).*
Auch meine starken Arme werden
dich nicht fortbewegen können, verhängnisvoller Stein!

AIDA.
Vergebens! ... alles ist zu Ende
für uns auf Erden ...

RADAMES *(in tiefbetrübter Resignation).*
Es ist wahr! Es ist wahr ...
(Er nähert sich Aida und stützt sie.)

AIDA und RADAMES.
O Erde, leb wohl; leb wohl, du Tal der Tränen ...
Freudentraum, der in Schmerz verging ...
Für uns öffnet sich der Himmel, und die irrenden Seelen
fliegen zum Strahl des ewigen Tags.
(Aida sinkt sanft in die Arme von Radames.)

AMNERIS *(con abito di lutto appare nel tempio e va a prostrarsi sulla pietra che chiude il sotterraneo, con voce soffocata dal pianto).*
Pace t'imploro, – salma adorata …
Isi placata – ti schiuda il ciel!

AMNERIS *(im Trauergewand erscheint im Tempel und wirft sich über den Stein, der das unterirdische Gewölbe verschließt, mit tränenerstickter Stimme.)*
Frieden erflehe ich für dich – geliebter Toter ...
Die versöhnte Isis – öffne dir den Himmel!

Nachwort

»Die Bühne stellt einen Saal im Palast des Königs dar. Die Türen, die Fenster, die Wände, die Decken sind mit leuchtenden Malereien bedeckt. Rechts und links erstrecken sich Säulengänge, geschmückt mit Statuen, blühenden Sträuchern und Möbeln, die im Stil der Zeit dekoriert sind. Der Saal ist nach hinten offen. In der Ferne nimmt man die Tempel, die Paläste und die Häuser von Memphis wahr. Am Horizont sieht man die Pyramiden.
Wenn sich der Vorhang öffnet, sind die Offiziere des Palastes versammelt und bereiten sich vor, beim König einzutreten. Man erkennt unter ihnen das Kollegium der Schriftgelehrten, die mit der inneren Verwaltung vertraut sind, die Fächerträger, die ihre großen Fächer aus Pfauenfedern in Händen halten, die Soldaten der königlichen Palastwache, die Bannerträger mit den Wappen, gekrönt mit den königlichen Zeichen, die Generäle der Armee, die Hauptleute der Garde, die Oberpriester mit den kahlen Köpfen, in lange weiße Gewänder gehüllt, die mit scharlachroten Borten besetzt sind. Ramphis und Radames sind in der Menge verborgen.«

Diese und andere umfängliche szenische Angaben, die in der eigentlichen Oper nur in Bruchstücken wiederkehren, stammen aus der Feder von Auguste Mariette, dem wohl berühmtesten aller Ägyptologen, Autodidakt, Entdecker der Apis-Stiergräber von Sakkara, Ausgräber von Memphis und Begründer des Kairoer Museums. Er hatte 1870 im Auftrag des Khediven von Ägypten Ismael Pascha eine historisierende Handlung entworfen, die ursprünglich für eine Festoper zur Eröffnung des Suez-Kanals (der dann allerdings schon im November 1869 eingeweiht worden war)

bzw. des aus diesem Anlaß erbauten Kairoer Opernhauses (das seinerseits schon am 1. November 1869 mit einer *Rigoletto*-Aufführung seine Eröffnung erlebt hatte) angemessen sein konnte. Sein in wenigen Exemplaren verbreitetes Manuskript ist erst 1976 in der Bibliothek der Pariser Oper wiederentdeckt worden und enthält mit einigen wenigen Varianten schon den Grundplan der Verdi-Oper.
Bekanntlich hatte Verdi längere Zeit gezögert, ehe er den Kompositionsauftrag annahm – er war sich für Auftragskompositionen zu schade und hatte das Schreiben einer Eröffnungshymne schon abgelehnt –, dann aber selbst sehr intensiv an der Konzeption des Librettos mitgewirkt. Camille du Locle hatte ein erstes Szenarium in französischer Sprache entworfen; Antonio Ghislanzoni, der fälschlicherweise zumeist als einziger Librettist angegeben wird, hatte es italienisch versifiziert und stand für Verdis Änderungs- und Ergänzungswünsche zur Verfügung. *Aida* ist der einzige »antike« Stoff, den Verdi vertont hat, und hat im Gegensatz zu den meisten Opern des Italieners, die auf das Schema des romantischen Melodramas zurückgehen, die Form einer klassischen Tragödie. Mariettes strukturelle und zum Teil inhaltliche Vorbilder für die Konzeption der Handlung waren offensichtlich Jean Racines *Bajazet* (1672), Pietro Metastasios ägyptisches Libretto *Nitteti* (1756), das zwischen 1756 und 1812 dreizehnmal vertont worden war, und für das allgemeine Kolorit Herodot und Heliodor.
Daß es bei dieser strengen klassischen Form nicht blieb, dafür sorgte Verdis Musik, die dem relativ zeitlosen Thema über den Konflikt zwischen Individuum und politisch-gesellschaftlicher Macht, über die Macht der Liebe und der Vaterlandsliebe das nötige historische und lokale Kolorit beimischte, das als Theaterforderung im 19. Jahrhundert kodifiziert worden war. Erst 1827 hatte Victor Hugo im Vorwort zu seinem Drama *Cromwell* die erste ausgeführte Theorie der »couleur locale« für das Sprechtheater vorgestellt und damit implizit auch die Epoche der französi-

schen »großen Oper« eingeläutet mit ihrer Tendenz zum Gesamtkunstwerk, der Kombination von Haupt- und Staatsaktionen mit privaten Problemen und mit ihrer Suche nach szenisch-musikalischen Totaleffekten. Daß die Oper *Aida* dieser Tradition verpflichtet ist, zeigte sich schon daran, daß der Ägyptologe Mariette im Auftrage des Khediven von Ägypten die Dekorationen und Kostüme für die Uraufführung von den Malern Chaperon, Rubé und Despléchin im wesentlichen auf der Basis seiner Entwürfe, die schon auf der Weltausstellung von 1867 Furore gemacht hatten, in Paris anfertigen ließ, was dann aufgrund der Belagerung der französischen Hauptstadt durch die Preußen nach der Schlacht bei Sedan zur Verzögerung der Uraufführung führte. Zugleich huldigte Verdi mit seiner Oper dem besonders gegen Ende des 19. Jahrhunderts herrschenden Orientalismus. Die schon seit den Zeiten Ludwigs XIV. bestehende Ägyptenmode hatte Napoleons Feldzug von 1798 forciert, der eine Fülle von Ausgrabungen und sorgfältigen wissenschaftlichen Arbeiten anregte. Die Wissenschaftler und wissenschaftlich interessierten Künstler, die Napoleons Armee seinerzeit im Feldzug gegen Türken und Engländer begleiteten, waren ursprünglich Teil eines politischen Schachzugs, welcher der französischen Volksarmee das Image aufgeklärter Friedensbringer verschaffen sollte. Daß sich diesem letztlich gescheiterten Politikum die Begründung der modernen wissenschaftlichen Ägyptologie verdankt, welche die mystifizierende und magische Ägyptenschau früherer Jahrhunderte besonders seit Champollions Entzifferung der Hieroglyphen ablöste, ist ein Kuriosum der Weltgeschichte.

Man interessierte sich im Laufe der Zeit auch für die Musik der Pharaonen und sah Abbildungen altägyptischer Musikinstrumente, ohne sich indessen eine Vorstellung über ihre Klanggestalt machen zu können. Diese mangelnden Kenntnisse kompensierte man durch Erfahrungen mit der zeitgenössischen Musik des Orients, die zumal in Frankreich besondere Aufmerksamkeit fand. Berühmt wurde z. B. Félicien Davids Tongemälde *Le Désert* (sinfonische Ode von 1844), das den Zug einer Karawane tonmalerisch nachvollzieht. Allerdings wirkten dort melodische Details und exotische Schlaginstrumente nur als oberflächliches Kolorit in einer zutiefst europäischen Musik. In seiner Oper *Herculanum* (1859) verknüpfte David vorbildhaft den Orientalismus mit antiken Themen. Auf den authentischen musikalischen Exotismus der nicht-europäischen Musik ließen sich die Komponisten allerdings erst gegen Ende des 19. Jahrhunderts ein. Die »große Oper« hatte dafür eine noch längere Anlaufzeit nötig; denn sechs Jahre vor der Uraufführung von Verdis *Aida* schrieb Giacomo Meyerbeer seine *Afrikanerin* (1865) noch in einer Musiksprache, die weder etwas mit Indien noch mit Afrika zu tun hatte.

Verdis Orientalismen oder besser seine Bemühung um die Evokation des Altägyptischen in seiner *Aida* sind so genau nachvollzogen worden, daß es zu weit führen würde, darauf im Detail einzugehen. Die berühmten sonderangefertigten »Aida«-Trompeten orientierten sich allerdings eher an den altrömischen Vorbildern des Museums von Nîmes, und die Gesänge der Priester verraten Einflüsse der Gregorianik; die der Priesterinnen wirken orientalischer, was durch Melismatik und extensive Verwendung chromatischer Intervalle erreicht wird.

Alles ist historisch genauso unbestimmt wie die altägyptische Handlung selbst, die Mariette wohl in die Zeit des Pharaos der zwanzigsten Dynastie Ramses III. (1198–66 v. Chr.) verlegte, als die Klasse der im Entwurf des Ägyptologen sehr präsenten Hofbeamten geschaffen wurde, sich das ägyptische Reich bis zu den »gole di Napata« (Schluchten bei der Stadt Napata) am vierten Nilkatarakt erstreckte, die reorganisierte Armee beträchtliche Kriege zur Grenzsicherung führen mußte und die Priesterkaste des Gottes Amun erstarkte. Das Ambiente ist, wie es sich für einen so bedeutenden Ägyptologen wie Mariette geziemte, so exakt, wie damals möglich. Gott Ptah verleiht auch gemäß den altägyptischen Königsnovellen dem Pharao das Schwert zum Kriege. Daß der Gott in der Oper Vulkan heißt, ist spätantiker Synkretismus, den der Librettist Ghislanzoni schlau benutzte, um zu demonstrieren, daß der Gott das Schwert nicht nur verleiht, sondern zuvor auch geschmiedet hat. Die Siegfriedsage läßt grüßen. Die Figurinen der Uraufführung hatte Mariette, der ein exzellenter Zeichner war, selbst nach authentischen Fresken (u. a. im Grab von Ramses III.) entworfen.

Die Schauplätze wurden akribisch nachgebaut. So reproduzierte die Kolossalstatue im sechsten Bild die des ersten Hofes im Tempel von Medinet Habu, in dessen Basreliefs die Kriegstaten des Pharaos Ramses III. dargestellt sind. Das Dekor im sog. Tempel des Vulkan war dem Rameseum von Theben nachgebildet und der Isistempel im dritten Akt demjenigen auf der Insel Philae. Diese in das Libretto eingeflossene sorgfältige Darstellung des altägyptischen Ritus und Mythos ist wesentlich für das Werk, das ja als Feier des Landes Ägypten geschrieben worden ist. Die Aktualisierung des Stoffes und die Anreicherung mit Anachronismen in modernen Inszenierungen ist demzufolge heikel. Immerhin kann man feststellen, daß der Deutsch-Französische Krieg von 1870/71 nicht ganz ausgespart worden ist. Verdi erinnert in seiner Korrespondenz explizit an eine Phrase des Priesterchores beim Empfang der siegreich heimkehrenden Ägypter, die er der Triumphrede Wilhelms I. nach dem Sieg bei Sedan (Berufung auf Gott und die Vorsehung) nachgebildet habe, und Amonasro hat seine Sympathien auch deshalb, weil sein Schicksal an das Napoleons III. erinnert.

Verdi hat *Aida* vier Jahre nach dem *Don Carlos* geschrieben und dann bis zum *Othello* eine Pause von sechzehn Jahren eintreten lassen. Obwohl die Komposition ein Auftrag war und er dafür so viel Geld bekam wie noch für keine Oper zuvor (das höchste Honorar der Operngeschichte: 150 000

Francs), stellt sie dennoch eine wichtige Etappe in seiner musikalischen Entwicklung dar. Seit seinen »Galeerenjahren«, in denen er jedes Jahr eine Oper hatte schreiben müssen, war lange Zeit vergangen, und seine Kompositionstechnik hatte sich so verfeinert, daß er den musikalisch-ästhetischen Problemen der *Aida*-Szenerie gewachsen sein konnte. Sie verlangt nicht wenig. Neben kultisch-zeremoniösen Teilen, die das ganze Aufgebot eines großen romantischen Orchesters erfordern, stehen intime Partien mit Natur- und Stimmungsschilderungen subtiler Art und hochdramatische Konflikte zwischen sehr potenten Stimmkalibern, einem Zwischenfach-, wenn nicht sogar Heldentenor (Radames), einem hochdramatischen Mezzosopran (Amneris) und einem jugendlich-dramatischen Sopran (Aida). Schon das Vorspiel, in dem das Aida-Thema mit dem der Priester kontrastiert, enthüllt diese Gegensätze und ist oft mit Wagners Tristan-Vorspiel verglichen worden. Besser wäre es wohl mit dem Lohengrin-Vorspiel und seinen ätherischen Violinklängen in Zusammenhang zu bringen. Den *Lohengrin* sah Verdi szenisch allerdings erst im November 1871 in Bologna. Wagnerianisch ist auch der Gebrauch der Leitmotive, die jedoch bei Verdi eher Erinnerungsmotive sind, und seine unerfüllte Forderung nach einem versenkten unsichtbaren Orchester. In jedem Fall hat Verdi in der *Aida* ein für allemal der Cabaletta-Tradition der italienischen Oper adieu gesagt. Wenn er das Duett Aida – Radames im dritten Akt dennoch mit einer Cabaletta beschließt, so hat er, wie die Korrespondenz zeigt, enorme Skrupel, meinte aber den Umschlag der Emotionen nicht anders gestalten zu können.

Von besonderem Interesse für die Aufführungsgeschichte des Werkes ist Giulio Ricordis Regiebuch von 1872 geworden, das die von Verdi selbst inszenierte und sorgfältigst vorbereitete *Aida*-Premiere an der Mailänder Scala nachvollzieht. Aus ihm erfährt man mehr über Psychologie der Personen und Konzepte der theatralischen Wirkung als aus der inzwischen unübersehbaren Sekundärliteratur. Hans Busch, der Sohn des berühmten Dirigenten Fritz Busch, hat diese Notizen in seine umfangreiche Materialsammlung zur Oper in englischer Übersetzung aufgenommen. Danach ist die schöne Aida (olivbraune, dunkel-rötliche Haut) mit zwanzig Jahren genauso alt wie ihre Rivalin Amneris. Radames ist vierundzwanzig und hat einen »enthusiastischen« Charakter, während Amonasro mit seinen vierzig Jahren »impetuous« und »violent« ist. Neben genauen Angaben über die Bewegungen der Personen, die Gänge auf der Bühne und die Formationen von Chor und Ballett, die sich möglichst individuell gerieren sollen, gibt es Angaben darüber, wie Feldzeichen zu tragen sind und wie die in jeder Inszenierung besonders heikle Triumphszene zu gestalten ist. Die Freude an historisierenden Tableaus, die aus Giulio Ricordis Regiebuch spricht, entstammt natürlich einer Zeit, da Oper noch einen großen Teil der Schaulust zu befriedigen hatte, die heute besonders der Film betreut, und das Spektakel fremder Welten und die bildhafte Thematisierung der Archäologie auf ein Publikum traf, für das eine Ägyptenreise ein weitgehend unerfüllbarer Wunschtraum war. Vieles hat sich seitdem verändert, aber noch heute ist für die Wirkung der *Aida* – als wohl meist gespielter Oper überhaupt – auf ein breiteres Publikum der Aufwand wesentlich, den eine Produktion mit sich bringen muß.

Die Kairoer Uraufführung des Werkes am 24. Dezember 1871 war zwar von großer Publizität und gewaltigem Aufwand begleitet worden, hatte Verdi aber nicht so sehr interessiert, wie aus teilweise sarkastischen Bemerkungen in seinen Briefen zu entnehmen ist. Es war erst die Aufführung am 8. Februar 1872 an der Mailänder Scala, in die er sein ganzes Engagement einbrachte. Er probte jedes Detail und freute sich, auf die Sänger und den Dirigenten zurückgreifen zu können, die ihm von vornherein als Ideal vorgeschwebt hatten. Franco Faccio, der Intimus des späteren Verdi-Librettisten Arrigo Boito, dirigierte, die Österreicherin Maria Waldmann war Amneris und die von ihm zärtlich Teresina genannte italienische Sopranistin tschechischer Herkunft Terezie Stolz, jener Quell ständiger Eifersucht seiner Frau Giuseppina Verdi-Strepponi, sang die Aida. Außerdem hatte Verdi Orchester und Chor wesentlich verstärken können. Der Erfolg war triumphal, und noch heute spricht man im Italienischen von einem besonderen Gelingen als einem Erfolg »all'*Aida*«.